自治体〈危機〉叢書

「政務活動費」ここが問題だ

改善と有効活用を提案

宮沢　昭夫

公人の友社

目　次

まえがき

政務調査費が法制化されたのは、提案理由にあるように地方分権に対応した地方議会の役割がますます重要なものとなっているためである。「地方議会の活性化を図るには、審議能力を強化していくことが不可欠であり、地方議員の調査活動基盤の充実を図る観点から、議会における会派等に対する調査研究等の助成を制度化し」たものである。

法制化された政務調査費の目的は、審議能力強化のための調査研究等にあることから調査研究に直接関連するものである。しかし、その政務調査費の使用実態は、直接に調査研究に関する調査研究費、研修費などより、主に広報費、事務所費、人件費などに使用されている。さらに、法令は、政務調査費では、使い勝手が悪いから、議員にも使用できるように、法改正によって「調査研究」に「その他の活動」を加え、名称を政務活動費にした。それによって、その政務活動費の使用範囲は拡大して、議員の公務にある式典に参加までを含める条例を制定している議会ができた。

ところが、政務活動費になっても、議員の一部には、元兵庫県議の号泣記者会見に現れたように、政務活動費の不正使用、不適切な使用が明らかになってきた。本来、政務活動費は、地方議会の議員の資質向上を図り、議会における充実した審議（議論）のために、法制化されたものであるから、使用範囲は拡大より、厳密化を図るべきである。（名古屋高裁判 27,12,24）

そのため、政務活動費の適正な運用と有効活用のための参考になればと思い、これまでのわたしの政務活動費に対する住民監査請求、住民訴訟などの実践と調査研究をまとめてみた。

2016年8月25日

宮沢　昭夫

第１章　政務調査費から政務活動費へ

１　政務調査費への不満

地方議会議員に対して、報酬のほか、市政調査研究費として支給されたことから、昭和31年の地方自治法改正で第204条の２で「いかなる給与その他の給与も法律又はこれに基づく条例に基づかずには、これを地方自治法第203条第１項の職員及び前条第１項の職員に支給することができない」（昭和31年６月12日改正（第147号）203条は議員報酬、204条の２新設）ことになった。

これにより従来議員に対して支給していた手当等は、地方自治法第232条２の補助金として会派に対して調査研究費で支給することになった。しかし、実態は、「会派というバイパスを使っても、結局は議員個人の経済に帰するものであった。まして使用内容が公開されないので、多くは議員個人の私用に使用していた。そのうえ支給された調査費は、領収書もなく、定額支給、残金を返還しなくてすんでいた。

これら議員の第２報酬的な補助金に対して市民から「第２報酬」ではないかと、住民監査請求、住民訴訟が提起された。その裁判（S55/12/24）でも議員に対する研究図書購入費は違法とされた。

平成８年３月地方分権推進委員会の中間答申により、地方議会３団体は、それぞれ特に全国都道府県議会議長会は、都道府県議会制度研究会提言（H10/1/22）で「会派調査交付金の必要性を提言した。全国都道府県議会議長会は「地方分権の推進に伴う都道府県議会の充実強化に関する要望」表明し、更に関係機関、国会に立法化を推進したことから平成12年５月18日地方自治法の一部を改正する法律案起草の件が議員提案され、政務調査費の法案が可決成立した。

法令は、議員活動に必要な経費の支給条例化を要望し、交付の要件に「条例により地方議会の会派また議員の調査研究に資する必要な経費の一部として、議会における会派または議員に対し、政務調査費を交付できるものとする」となった。

しかし、法改正前に補助金で政務活動していた議会議員は、政務調査費の使用を従来の補助金の使用方法で行っていた。

これらに対して、当時、長野県の田中康夫知事が、政務調査費の使い方が問題であると交付を保留した事件があった。その時の県議の政務調査費に対する認識は、議員活動のために自由に使えるものいうものであった。

特に政務調査費が法令化される前に補助金として、議会の会派に支給されていた議会議員は、この意識があった。そのために領収書等の公開を渋っていた。

政務調査費について全国都道府県議会議長会は、「政務調査費を規定しているので「調査」にしか使用できないと錯覚する向きもあるが、基本は議員活動費なのだから調査に限定されない。一般的には、当該団体の事務に関し議員活動に役立つものであれば認められる。」

また、当時全国都道府県議会議長会の調査部長であった野村稔さんは、「政務調査費は、議員活動経費を補助するものであるから、主として日常活動に充当することが望ましい」(野村稔「地方議会各宣言」)という見解で、政務調査費の標準条例を作成して、所属議会に通知したと述べている。

この政務調査費に対する都道府県議会議員の意識は、「政務調査費のあの金で、政治活動ができると思っている。」、「政治活動の自由を縛るじゃないか、という意識が結構強い」、「政党活動にも政務調査費は使えるはずだと思いやすい」、また収支報告書には、領収書添付、実績報告書等の作成と公開を求められているので、使い勝手が悪いとして、改善を求めている。」

2　政務調査費制度の範囲拡大

そのため全国都道府県議会議長会は、地方分権下における議会および議員の在り方を見直すべく､道府県議会制度研究会をもうけた。その中間報告｢改革・地方議会―さらなる前進へ向けて―」で「議員の位置付け」(H18,3,29)を発表した。そして、さらに研究をした結果、「自治体議会議員の新たな法的位置づけ」(都道府県議会制度研究会）最終報告（19,4,19）を承認した。

その内容は，

・「住民との意見交換会などの住民意思の把握・吸収のための活動にも公費助成」を

・「これらの議員活動も議員の職活動領域に属する活動であると認め、それに要する経費に政務調査費を充てることができることを法律上明確にするか。」

・「議員から住民意思の把握等広範な議員活動にも充当できる経費の支給を求める声がある」

そして、住民意思の把握等の議員活動に要する経費については、報酬に含めるのでなく、政務調査費を充て得ることを法律上明確にする考え方、又は別途、何らかの公費で手当てする考え方も示されている。「当面は、政務調査制度の範囲拡大あるいは同制度を廃止し別途の制度創設等、制度の再編を含めた検討の余地もあるだろう」と述べている。

3　政務調査費見直しを採択

都道府県議会議長会は、平成 21 年、22 年度の総会で「議会機能の充実強化を求める緊急要請」(この要請に (3) 議会機能の充実強化及び地方議会議員の責務の明確化に伴い、議員又は会派が住民意思を踏まえた活動を展開する上で必要な制度として、現在法文上調査研究活動に特化されている政務調査費制度を見直し、政策立案、議員活動の説明等を加え、幅広い議員活動又は会派活動に充てることができることを明確にするよう法律改正を行うこと）を採択し、自民党に現行の政務調査制度の見直しを要請した。また都道府県議会議長会が総理大臣補佐官に地方議会の機能の充実強化について説明（政務調査制度の見直しも入っている）を行った(21,12,15)。

平成23年6月17日自民党本部で開いた「地方議会の機能強化に関する検討PT」で政務調査費制度見直しについて全国町村議会議長会との意見交換があった。この意見交換時には、「改正するのであれば、100条でなく独立した条にしたらいかが」の発言があった。さらに自民党の磯崎陽輔（参議院総務委員会委員）は、「法律上の制限がなく条例で定めてもらうのが修正案の眼目だ」(自治日報H24/6/15)と述べているように、後援会、選挙活動以外は、自由に使用できるように、それぞれの議会が条例で自由に決められるとした。そこで、磯崎陽輔議員は、「変な条例」にならないように忠告している。

また二之湯智参議院議員が人件費や事務所費、後援会機関誌などにも充当可能になるのかを確認。磯崎氏(衆議院総務委員会　改正提案者一人)は、法律上の制限はなく条例で定めてもらうのが修正案の眼目」と自民党総務部会で説明(自治日報24,6,15)。この「地方議会の機能強化に関する検討PT」について、平成23年月5日　片山総務大臣は閣議後の記者会見で地方議会の政務調査費について、自民党の、プロジェクトチームが、政務調査費の改正案をまとめた件で、質問を受けている。

4　地方自治法改正案の審議促進・早期成立の要請に加えて政務調査費の改正要請

平成24年4月5日の地方議会3団体が、「地方自治法改正案の審議促進・早期成立」についての要請の折に、「また、これまで地方議会3団体が要請してきた地方議会議員の位置付けの明確化及び政務調査費等活動基盤の充実を始め、更なる議会機能の強化も併せて実現を図っていただきたい」と要請した。

平成 24 年４月 16 日都道府県議会議長会の山本さんが岩城参議院自民党政策審議会長、坂本自民党総務部副部長に要請した。

平成 24 年６月 12 日の自民党総務部会は、地方自治法改正案に対する修正案（議員立法）を部長に一任した。

5　衆議院総務委員会に政務調査費の改正案の提案

第 180 回国会では、地方自治法の一部を改正する法律案及び修正案（議会制度の見直しに関する事項、議会と長との関係に関する制度の見直しに関する事項など、政務調査費を政務活動費にする修正案）を審議する衆議院総務委員会が平成 24 年８月７日９時に開かれた。

開会直後に、元高岡市長で自民党の橘慶一郎さん、元自治労鹿児島委員長の民主党の皆吉稲生さんらが修正案を共同提出し、地方議会会派に支給される「政務調査費」を「政務活動費」に改めるよう提案されて、その３時間後には可決してしまう。

このような長年、地方議会をめぐる様々なスキャンダルと改革の争点となってきた「政務調査費」を「政務活動費」にかえる修正案が、あたかもだまし討ちのように午前９時に提出され、正午に可決するような議会運営はまったく納得できません。現時点でも衆議院のホームページには載っていません。まさか、総務省自治行政局が地方行政族議員と仕組でいたのでなければいいのですが（国会傍聴記 by 下町の太陽）。

6　衆議院総務委員会にて政務調査費の改正案可決

衆議院総務委員会の審議（質疑応答）

地方自治法の一部を改正する法律案に対する修正案

○橘（慶）委員　おはようございます。

ただいま議題となりました修正案につきまして、提出者を代表いたしまして、その提出の趣旨及び内容について御説明を申し上げます。

本修正案は、各会派間の修正協議の結果を踏まえ、本案による改正に加え、百条調査に係る関係人の出頭及び証言並びに記録の提出の請求の要件の明確化、政務調査費の名称の変更等、普通地方公共団体の長及び委員長等の議場出席についての配慮規定の追加等の改正を行おうとするものであり、その内容は次のとおりであります。

第一に、普通地方公共団体の議会が当該普通地方公共団体の事務に関する調査を行うため関係人の出頭及び証言並びに記録の提出を請求することができる場合を、特に必要があると認めるときに限るものとすることとしております。

第二に、政務調査費の名称を政務活動費に、交付の名目を議会の議員の調査研究その他の活動に資するために改めるとともに、政務活動費を充てることができる経費の範囲について、条例で定めなければならないものとすることとしております。また、議長は、政務活動費については、その使途の透明性の確保に努めるものとする規定を追加することとしております。

以上が、本修正案の趣旨及び内容であります。

何とぞ委員各位の御賛同をお願い申し上げます。

○笠原委員　次に、修正案に盛り込まれました、政務調査費の名称の変更についてお尋ねいたします。

名称を変更することにより、今住民の方々から議員に向けられております無駄の排除、活動費の妥当性、透明性の確保につながるのでしょうか。提案者の橘委員、よろしくお願いいたします。

○**橘（慶）委員**　お答え申し上げます。

これまで、政務調査費につきましては、条文上、交付目的は調査研究に資するものに限定されていたわけですが、今回の修正によりまして、今後は、地方議員の活動である限り、その他の活動についても使途を拡大し、具体的に充てることができる経費の内容については条例で定めるという形にしたわけであります。これに伴いまして、名称については政務活動費という名称に変更することとしております。

そこで、笠原委員御指摘の、まず無駄の排除や活動費の妥当性といった問題でありますが、これは、政務活動費として具体的に充てることができる経費の範囲を条例で定めるという形にいたしますので、この条例を定める際にそれぞれ地方議会において審議をされる、その審議の過程において、また住民の皆さんが監視をなさる、こういった形によりまして、この政務活動費の無駄の排除あるいは活動費の妥当性ということについて担保されるものと考えるわけであります。

また、政務活動費が調査研究以外の活動にも充てることができるようになることに伴いまして、笠原委員御指摘のとおり、その透明性を確保することが従来に増して重要となると考えております。

このため、現行の規定における、議長に対する個々の議員の収入、支出の報告書の提出に加えて、当該議会の議長におかれて政務活動費の使途の透明性の確保に努めるよう義務を課す規定を追加させていただいて透明性を確保する、こういう形の改正を提案しているものでございます。よろしくお願いいたします。

○**笠原委員**　橘委員、御丁寧な説明、ありがとうございました。

政務調査費というのは、各自治体において、その使途においてさまざまな指摘がなされているところでございます。議員活動と政治活動の違いを述べるような大変な難しさがあります。各自治体によって形式等も違いがあると思います。

私が県議時代には、当選当初は会派ごとにまとめておりましたけれども、途中から個人に行くようになりました。議長に報告して、一万円以上の支出については領収書の添付が必要とされました。調査研究費、資料購入費、事務所費、人件費など九項目について、別々に分けて書き込むようになっておりまして、改選を迎えるごとに厳格化されていった気がします。

私は、個人的に一円以上の領収書を添付しまして、議長提出前に議会事務局の方にチェックをしていただきまして、それが妥当であるかどうか、そういう判断をしていただきました。間違った支出がないということを確認した上で提出させていただいておりましたけれども、面倒だったのは、電気料金を後援会、政治団体それから政党支部と三つの分野に分けて三分の一ずつにしていたわけですね、物によっては二分の一。そういったことで政務調査費と政治団体を分けた記憶と、また、年度の開始が違うわけです、そして締めも違うので大変難しかった、ややこしかったという記憶があります。

私自身で政務調査費の収支報告書を作成していて感じたことは、これは議員個人の見識の違いがあらわれるというふうに思って書いておりました。

これからますます政務調査費を含めた議会の支出に住民の厳しい目が向けられていく中で、政務調査費のあり方について、総務大臣に御見識をお伺いしたいと思います。簡単に、よろしくお願いいたします。

○川端国務大臣　今回の実施は、議員活動が幅広くあるということで、調査費ではなくて、名称を変更して、幅広くいろいろ活動できるようにしようという趣旨だというふうに思います。

同時に、やはり公費でありますので、それが透明化されるということが非常に大事であるということで、議長への報告義務と同時に、何に使うかを議会で条例で決めるということを法定しましたということは、議会の中でけんけんがくがく有権者の前で御議論いただいて決めていただくということは、大変意味のあることだというふうに思っております。

○笠原委員　ありがとうございました。

ありがとうございました。

一つ飛ばさせていただいて、政務活動費についてお伺いします。

今回、政務調査費を政務活動費という名称に変更して、調査研究以外の議員活動に充てられるようにする修正案が提案されております。

経費の範囲については条例で定めると、先ほどからも議論がございました。この内容について、どのような経費が対象となるのか、どういう考え方に基づくのかということを、アウトラインを示していただきたい。また逆に、議員活動で対象とならないというものの考え方についても、もしございましたら提案者から御答弁をお願いしたいと思います。

○稲津委員　お答えいたします。

これまで政務調査費については、条文上、交付目的は調査研究に資するもの、このように限定をしておりましたが、今後は、議員の活動である限り、その他の活動にも使途を拡大するとともに、具体的に充てることができる経費の範囲について条例で定めることとしております。

例えば、従来、調査研究の活動と認められていなかったいわゆる議員としての補助金の要請あるいは陳情活動等のための旅費、交通費、それから議員として地域で行う市民相談、意見交換会や会派単位の会議に要する経費のうち調査研究活動と認められていなかったといったものについても、条例で対象とすることができるようになると考えられます。

どのような経費の範囲を条例で定めるかにつきましては、これは各議会において適切に御判断をしていくべきものであると考えております。

ただし、あくまで議会の議員の調査研究その他の活動に資するための経費の一部を交付するものであるということから、議会の議員としての活動に含まない政党活動、選挙活動、後援会活動それから私人としての活動のための経費などは条例によっても対象にすることができない、このようにしております。

また、本会議や委員会への出席、全員協議会への出席、議員派遣等の議会活動は、従来どおり、費用弁償の対象となるために政務活動の対象とはならない、このように考えているところでございます。

以上でございます。

○西委員　それぞれの地方で条例によって決めるということになっております。今アウトラインといいますか、全てではありませんけれども、方向性は大体お述べいただきました。

もちろん、住民の皆さんの監視も十分行き届いているこんな時代ですから、それは議会においても真剣な議論が必要かと思いますが、今まで、政務調査費の時代でも、地方別で見ますと、議会別で見ますと、若干範囲が曖昧であったという嫌いがあります。今回、このような形にするにおいて、やはりきちっとした範囲ということをそれぞれの議会で決めていただいて、そして透明性を十分発揮していただくということが前提ではないかと思います。

議員として活動していく、議会の中で活動していくために必要な経費、これは政務活動費として使っていただくことは当然のことだと思いますけれども、逸脱することのないように、これからきちっとした対応を、それこそ、それぞれの自治体の独自性を発揮していただいて執行をしていただきたいということをお願い申し上げます。

次に、議員の役割についてお伺いをしたいと思います。これは大臣にお願いします。

全国都道府県議長会は、地方議員は直接住民によって選ばれた公選職という位置づけを明確にするために、地方議員の位置づけを法定化すべきであるというふうに求めております。今確かに、法文上は地方議員としての位置づけというのは必ずしも明確ではないんですよね。そういう意味で、私はその主張はもっともだなというふうに思っております。

公明党は、附則で議員の位置づけを法定化することを検討するという修正案を提案いたしましたが、今すぐにというわけには、なかなか合意は得られませんでした。

議員の役割、責務などを明確化することによって、先ほどの政務活動費、その他のさまざまな議員の諸活動に対する役割、性格というものがはっきりしてくるのではないかというふうに思っておりまして、地方議員の位置づけを法定化するということについての大臣のお考えをお聞きしたいと思います。

○川端国務大臣　住民に身近な行政はできるだけ地方の自治体でというふうな大きな流れの中で役割がどんどん大きくなっているということで、議会機能も非常にその役割は大きくなってきていると思いますし、その構成である議員の皆さんの活動範囲も当然ながら広まってきている、責任も多くなっているということはそういうことだというふうに思います。そして、これからますます大きくなっていくのではないか。都道府県会議員、市町村、それぞれの段階でそれぞれ濃淡は、レベルは、多少のあれは違うかもしれません。役割としてはそうだと思います。

こういう中で、いわゆる公選職として位置づけを明確にして、職責、職務を法制化すべきという意見が都道府県議会議長会から出されている。公明党の皆さんからも御提言をいただいていること､私も読ませていただきました。

前回のこの委員会では、坂本委員からも同様の議論をさせていただきました。そのときにも申し上げましたけれども、方向性としてそういうしっかりした位置づけが必要であるという認識は大体いろいろ合意形成ができてきているのかな、認識としては。

ただ、やはりクリアすべきいろいろな問題があるだろうということで、地方制度調査会でも議論されてきましたけれども、政治活動とそれから公選職というか公務であるという部分のどこに境目があるのかということ、それから、そういう議員の活動というものが、選挙で選ばれているとはいえ、地域住民への説明責任という部分でどういうふうに整理するのか、それから、職責、職務を法制化するというときにどういう法でできるんだろうかということを含めて、いろいろな課題、整理しなければならない課題がたくさんあることも事実であります。

そういう意味で、今回の改正で新たな議会運営ということも行われます。そういうようなこと、それから、こういう国会の議論の場も、いろいろ今回も出ておりますので、そういうものの状況を踏まえながら、引き続きしっかり検討してまいりたいと思います。

御趣旨のように、やはりこの整理が、実は、先ほどの政務調査費等々、あるいは報酬なのか手当なのかということ、全部リンクしている議論であることは御指摘のとおりでありますので、我々としては課題として認識をして検討してまいりたいと思っております。

○西委員　今大臣が御答弁いただいたとおりなんだと思います。今回の通年議会の改正においても、さまざま、今地方において地方議員が果たす役割、地方議会が果たす役割というのはどんどん大きくなってきております。それは、とりもなおさず、これからの日本の将来、やはり地方のことは地方で議論をして解決していくという方向性は、これは間違いのないことだと思います。

その一つの足がかりとして、地方議員の立場といいますか役割といいますか、あり方というものは、我々、国の立場でも十分議論をして定めていく、こういうことをやはり検討する時期に入ってきているのではないかというふうに思っておりまして、大臣のこれからの活躍に期待をしておきたいと思います。

では、以上で終わります。

○武正委員長　次に、柿澤未途君。

○柿澤委員　みんなの党の柿澤未途でございます。

きょう提出をされました地方自治法改正案の修正案で、政務調査費の政務活動費への名称変更というのが提案をされているわけです。

この政務調査費というのは、いろいろな形でたびたびマスコミを騒がせてきた、こういうものだというふうに思います。

調査研究に使わなければならないとされているこの政務調査費を高級店での飲食代に充てたとか、それでバイクを買ったとか、調査研究目的だからということで本を買ってその代金を、領収書を添付するというのは認められるだろうということで、いろいろ地方議員の方々も御苦労されて、そうなっていたんですけれども、ある日、この本につけられているＩＳＢＮコードからどんな本を買ったのかということが突きとめられてしまって、大変いかがわしい本を買っていたということがわかってしまったとか、オンブズマン等の情報公開請求でそうした実態が次々に明るみに出て、マスコミ等でも大々的に報じられて、政務調査費の返還を迫られる、こういうケースが相次いでまいりました。

この政務調査費について、政務活動費というふうに名前を変えた上で、調査研究のほかに、その他の活動にもその使途を広げる、こういうことになっているわけですけれども、これは、事実上地方議員の第二の議員報酬になっているとか、こういう使われ方をしてきて、非常にいわば物議を醸してきた、こういう批判をされているような現状を、かえって国がお墨つきを与えて、法律にそういう形で位置づけられたんだからいいんだという、いわば不適正な使い方を是認する、こういうための法改正だ、そのように言われかねない部分があると思いますけれども、そうした疑問についてどのように払拭をするのか、ぜひお伺いをしたいと思います。

○**逢坂委員**　お答えをいたします。

これまで政務調査費につきましては、条文上、交付目的は調査研究に資するものに限定されていたわけですが、今回の修正によりまして、今後は、議員の活動である限り、その他の活動にも使途を拡大し、具体的に充てることのできる経費については条例で定めるということとしたわけであります。これに伴って、名称につきましても政務活動費に変更することとしたわけでございます。

そして、政務活動費として具体的に充てることができる経費の範囲、これを条例で定めるというところが非常に重要なポイントでございまして、その条例の制定に関する議会の審議、その審議の過程に対する住民の監視等により、不適切な支出や無駄な支出は防止、是正することができるというふうに考えております。

また、さらに、政務活動費が調査研究以外の活動にも充てることができるようになることに伴いまして、その透明性の確保が従来にも増して重要になると考えられることから、現行の規定における議長に対する収入支出の報告書の提出、これに加えて、政務活動費の使途の透明性の確保に努める義務を議長に課す規定を追加し、透明性をより一層確保することとしております。

以上のような観点から、修正案提案者としては、委員御指摘のような、政務活動費が地方議員の第二の給与になるのではないかといった懸念については、それは当たらないのではないかと考えているところでございます。

以上です。

○柿澤委員　るる御説明、御答弁をいただきました。

これは、言葉は悪いですけれども、これまでの政務調査費の取り扱いにおいて、地方議員の方々の中に不適切な処理があった、このことは事実だと思います。

その一方で、調査研究に使途を限定していることで、事実上、議員活動に必要な経費にも政務調査費をなかなか支出できない、こういう問題があったことも、私自身、地方議員を経験した者として知っているつもりであります。

特に、地方議員経験者、東京以外の方は驚かれると思うんですけれども、皆さん、都議会の政務調査費というのは、議員一人当たり 60 万円なんです。私がいた当時は、地元における個人事務所の維持費や、また議員個人が雇う職員の人件費、こういうものには充てることができなかった。しかし、この一月 60 万円の政務調査費を調査研究という限定的に捉えられるものに全て充てるというのは至難のわざでありまして、私は、そういう意味では、調査研究に附帯をした、こうした活動に使途を拡大するというのはあってもいいというふうに思っております。

しかし、例えば飲食代はどうか。例えば、調査研究に資するための会合で、最低限、コーヒーを出した、弁当を出したという話まで私はいけないとは思いませんけれども、しかし、領収書を堂々と添付して、高級料理店やクラブやスナックでの飲食代を政務調査費で払おう、こんなことが今まで行われてきたわけです。

こういう使い方も、政務活動費とすることで、条例で決めてしまえばできるようになるということであれば、これは先ほど申し上げたような、市民の批判の強い政務調査費のあり方を、名前を変えた上で逆に堂々と認めてしまう、こういうことになってしまうのではないかと思います。この点、どういう運用を行うことを想定されているんですか。修正案提出者にお伺いします。

○**皆吉委員**　お答えいたします。

委員御指摘のように、政務活動費の名称変更後も、あくまで議会の議員の調査研究その他の活動に資するための経費の一部を交付するものであるということでございます。そうしたことから、議員としての活動に当たるものに限られ、飲食代が使途として認められるかどうかは一概には言えないと承知をいたしております。

なお、飲食代につきましては、例えば、従来の裁判例において、会議室を借りるなど賃借にかえて少人数の会議を喫茶店で行うなど、喫茶代金は研修会等に要する費用に当たるとして、政務調査費の使途として認められているところでございます。ところが、委員御指摘いただきましたように、バーやクラブなどの飲食費は、社会通念上、会合を行うのに適切な場所とは言えないために、政務調査費の使途として認められていないと承知をいたしております。

以上です。

○**柿澤委員**　本当に、ここの部分は条例の決め方によってかなり大きく変わり得るところだと思うんです。

条例で使途を決める、それと十分な透明化、情報公開をしていくということで、住民監視によって適正化を図っていくんだということだと思いますけれども、後ほど住民投票に関して少し質問をさせていただきますが、そもそも地方議会において住民自治の精神にのっとったガバナンスがちゃんときいているのかどうか。このことが今地方議会あるいは地方行政全般において一つの問題になっているところでありますので、ここはやはりきちんと、ある意味では使途を拡大していく法改正を提案した者として、しっかりとチェックを今後もしていかなければならないのではないかというふうに思います。

平成20年の地方自治法改正で、地方議員への報酬を、他の行政委員会の委員への報酬と別に切り離して、議員報酬として位置づける法改正が行われました。そのときに、議会活動と議員活動があって、その周りにまた政治活動というのがあって、それらが重なり合っているんだ、こういう同心円状のイメージが示されています。つまり、要するに、議会での本当に狭義での議会活動というのと、議員が選挙区内、地域内で行う活動というのは密接不可分の関係である、そういうことから、ある種実費弁済色の強かった報酬というところから、議員報酬はまた別のものなんだよ、こういうことになったというふうに理解をしています。

これはこれで、活動自体として、私は議員をやっている以上、理解するんです。しかし、これも、重なり合って一体不可分だからということで、政務活動費はその他の活動にも充てられるということになった、そして議会活動、議員活動、政治活動というのは一体不可分の関係であるということになると、例えば政務活動費としていただいたお金を議員個人の政治団体にそっくり移しかえて使ってしまう、こんなことも行為として、条例でそれもいいということであれば認められるべきだということになってしまうのか。こうなると、法律で調査研究その他の活動というふうに定めて、条例でその範囲を限定するという意味がなくなってしまうように思うんです。

今申し上げた具体例、政務活動費を議員個人の政治団体あるいは政党に入れちゃうケースもあるかもしれない、こういうふうにして、事実上使途限定を外したお金として使えるようになってしまう、こういうことを条例で定めればやってもいいということなんでしょうか。お伺いをしたいと思います。

○皆吉委員　お答えいたします。

政務活動費は、繰り返しますけれども、あくまでも議員の調査研究その他の活動に資するための経費の一部を交付するものでございます。そうしたことから、議員としての活動に含まれない政党活動、選挙活動、後援会活動、私人としてのプライベートな活動のための経費などは条例によって対象にすることができないものと心得ております。

したがって、議員個人の政治団体等に移しかえる行為は、議会の議員としての活動に含まれないものと承知をいたします。したがって、条例によってもそのことを対象とすることができないと承知をするところでございます。

以上でございます。

○**柿澤委員**　この点は、今の御答弁によって大変クリアになったのではないかと思います。

これも余計なことですけれども、私も、議員をやっていて地方議員もやっていてという経歴ですからわかりますけれども、こういう誘惑に必ず駆られると思うんですよね。だから、そういう意味では、ここの部分を事前にしっかりと見解を示しておくことというのは、私は非常に大切なことだったのではないかというふうに思います。御答弁をいただいて、ありがとうございました。

政務調査費については、事実上何でも使えるのなら議員報酬と同じだということになって、ならばこれは議員個人の所得として課税すべきだ、こういう話になる。税金のかからない第二の議員報酬だ、こんなふうに言われるゆえんがここにあるわけです。

政務活動費の使途が、これはまた条例で定められるとしても、例えばその条例の定めっぷりが、使途拡大によって、もう何でもありだという非常に広義な定め方をした場合、これは議員報酬とどこが違うのか、そこに課税しないのはどうだという話になりかねないというふうに思います。この点をチェックするのは一体誰なのかなというふうに思うんですけれども、少なくとも、その人が受け取っているお金が課税所得とみなせるかどうかということは、これは国税庁の税務調査の一つの対象になるんだというふうに思います。

政務活動費の使途が条例で定められるとしても、その条例の定め方が余りにも使途を広くとっていて、例えば議員個人の生活費に充てられる、そのようにみなされるようなケースがある場合は、税務署は場合によっては税務調査しなきゃいけない、こういうことになるのではないかというふうに思います。こうしたケースに対してどう対応するのか、お伺いをしたいと思います。

○西村政府参考人　お答え申し上げます。

まず、政務調査費の課税上の取り扱いにつきまして御説明いたします。

一般論として申し上げれば、地方公共団体の議会の議員が地方公共団体から現行の地方自治法に基づいて政務調査費を受領した場合には、所得税の課税上、雑所得の収入金額となります。雑所得の金額は、一年間の総収入金額から必要経費の総額を差し引いて計算をいたします。この総収入から政治活動のための支出を含む必要経費の総額を差し引いた残額があれば、それは課税の対象となり、残額がない場合には課税関係は生じないということになります。

国税当局におきましては、納税者の適正公平な課税を実現するという観点から、提出されました申告書等を分析するとともに、法定調書のほか、税務職員が独自に課税上有効な各種資料情報の収集に努め、課税上問題があると認められる場合には税務調査を行うなどして、適正公平な課税の実現に努めているところでございます。

今先生からお話のありました政務活動費でございますが、法改正後のことでありますので確たることは申し上げられないものの、税務上の雑所得の必要経費となります政治活動のための支出につきましては、支出の態様、目的など個々の実態に即して税法等に基づき適正に判断してまいりたいと思っております。

○柿澤委員　抑止効果の高い御答弁をいただいたと思います。

都議会の政務調査費が議員一人当たり60万だと申し上げましたが、これは見ようによっては、れっきとした一人分の議員報酬をさらに上回るような金額であるわけです。そもそも、日本ほど地方議員報酬の高い国はほかにはないと言われております。きょう、配付資料、大変わかりやすくグラフになっていたのでお配りしましたけれども、議員一人当たりの年間報酬は欧米の地方議員のほぼ10倍。戦前は日本も地方議員は無報酬の名誉職であったということであるはずですけれども、なぜこのような議員報酬の高額化が進んだのか。総務省はこれをどう考えておられるでしょうか。

○川端国務大臣　確かに御指摘のように、明治時代でありますと、府県あるいは市制、町村制では、府会議員は名誉職とするとちゃんと書いてありまして、要するに無報酬ということでありました。

我が国においてそういう歴史的な経過はございますが、地方議員は、戦前はそういう意味で無給の名誉職とすることができるとされておりましたけれども、その後、地方自治体の役割が大きくなり、事務が複雑多岐にわたることとなって、議員の職務が一般的に多忙となり、都道府県を中心に専業化が進むといった事情などを踏まえて、議員報酬を支給すべきものとされてまいりました。

議員報酬につきましては、条例においてその額及び支給方法を定めることというふうにされておりますので、各地方自治体において、第三者委員会を設置して、その審議を経て議員報酬の水準を決定するなどの取り組みが行われてきております。

こういう経過でございまして、やはり仕事が、そういう部分で、ある意味でそれに係る時間的な部分が多くなってきたという経過があるからこうなってきているのではないかというふうに思います。

○柿澤委員　一方で、欧米の国々を見ると、スイスなんかはもうほとんど無報酬、日当のみと書いてありますが、ほかの国で額が書いてあるところも、事実上そうした形をとっている国があるわけですね。

地方議員は無報酬として、実費だけの支給を受けるものとすべきだ、こういう意見も日本でもあります。福島県矢祭町が全国で初めて、町議の議員報酬を議会出席のときのみ日当３万円、こういう形で支給する日当制を導入しました。これは経費削減の観点もあるでしょうけれども、やはり議員は無報酬のボランティアであるべきだ、こういう考え方も背景にあったのではないかと思います。

こうした考え方について、総務省はどのような見解をお持ちでしょうか。

お伺いしたいと思います。

○川端国務大臣　地方議会の役割が変化してきて、大きな役割を担っているということの流れの中で、これらの役割を果たすために、先ほど、議員としての役割、責務はどうか、議員の立場をもっと法的に明確にしろという議論もあります。あるいは、その部分で都道府県議会議長会からは、身分の確定化、法制化と同時に、報酬というものをしっかり位置づけろという議論もあります。

一方で、先生言われたような矢祭町の実例や議論があることは事実でございますが、やはり、その仕事がどういう仕事なのか、どれぐらいの実務的な部分と時間的なものとで責任を果たしていただいているかというのが、各級議会のレベルによっても差があるというふうに思います。

そういう意味で、それぞれの議員報酬に関して、地方自治体はその議会の議員に対して議員報酬を支給しなければならないということでありますが、その額及び支給方法については条例で定めることになっているという部分で、そこの御判断ということになっているんだというふうに思っております。

○柿澤委員　まさに予想していたとおりの御答弁をいただいたんですけれども、それぞれの自治体にはそれぞれの形、あり方があって、そして条例で定めるということになっているわけですので、議員報酬のあり方もそれぞれ条例において定める、こういうことでいいんだ、こうした御見解であります。それはそのとおりだと思うんです。

だとすると、地方交付税の基準財政需要額の算定において、標準団体における議員報酬は都道府県議が 68.2 万円、市町村議が 34.5 万円、なおかつ、期末手当というか、いわゆるボーナスの基準も定められているわけです。月額で 68.2 万円、34.5 万円です。これは、議員報酬の全国一律の高額化を事実上促すようなものになってしまっているのではないでしょうか。

議員報酬は条例で決めるということになっているわけです。ならば、地方独自にみずからの考え方に基づいて議員報酬の水準を決めればいいことであって、基準財政需要額に算入して地方交付税で財源措置をし、この額まではいわばおなかは痛まない、日当制なんかをやって経費削減すればむしろ損する、これではおかしいのではないかと思うんです。

議員報酬をこうした形で基準財政需要額に算入して交付税措置する、こうした対応を行う必要は必ずしもないのではないかと思いますけれども、見解を伺います。

○川端国務大臣　どちらが先か、財政手当てをしているから議員歳費を出しているのか、議員歳費を出しているから財政手当てしなければならないかということにもなりますが、今言われました都道府県議会の財政需要額の算定は 68.2 万円、市町村議は 34.5 万円でございますが、現実の都道府県議会議員の部分の標準団体の平均報酬額は 80 万 5285 円、人口５万以上 10 万人未満の団体で 38 万 6223 円、人口 10 万以上 15 万人未満の団体で 44 万 8121 円でありますので、それよりは一定額低い算定基準になっております。

これはやはり、その議会に対して、議員報酬を支給する旨が地方自治法に定められておりますのを踏まえて、実態を考慮しつつ議員報酬について基準財政額に算定をしておりますので、一応この平均値よりは下回っておりますけれども、一定額は手当てをさせていただいている、実際の需要に対して一定部分を手当てさせていただいているということでございます。

当然ながら、地方交付税は使途が制限されておりませんので、条例で定める議員報酬の額に、このことがこうしているからということで、制限を加えているわけでも上限をつけているわけでもございませんので、それぞれが必要な部分は手当てを条例でしていただくという趣旨でございます。

○柿澤委員　時間も参りましたが、まさに、地方自治体がみずからの独自の考え方を持って条例で決めるというところにも、結局、財政的なこうした一つの鋳型というかモデルがあって、それに基づいて財源措置を行う、こういうやり方をとっていることが、先日地方交付税のことについても議論をさせていただきましたけれども、こうした状況を生んでいる、促している、こうした結果になっているのではないか、このことを御指摘させていただきたいと思います。　ありがとうございました。

○武正委員長　次に、塩川鉄也君。

○塩川委員　日本共産党の塩川鉄也です。

地方自治法の改正案について質問をいたします。

○武正委員長　これにて原案及び修正案に対する質疑は終局いたしました。

○武正委員長　これより原案及び修正案を一括して討論に入ります。

討論の申し出がありますので、順次これを許します。塩川鉄也君。

○塩川委員　私は、日本共産党を代表して、地方自治法改正案並びに修正案に対する反対討論を行います。

まず、地方自治法改正案についてです。

専決処分についての見直し、条例公布義務の明確化、議長による臨時会の招集権付与などは、この間、一部自治体の長によって起こされた議会無視の横暴な行政運営を防ぐもので、当然であります。また、解職、解散請求に必要な署名数要件を有権者数の規模に応じて緩和することは、住民の意思をより反映し、住民自治の拡充につながるものであります。

しかし、国等による違法確認訴訟制度の創設は、地方分権一括法によって盛り込まれた地方自治体への権力的関与と一体のものであり、容認できません。機関委任事務が廃止された際、新たに持ち込まれたのが国の関与の法定化であり、自治事務に対しても、是正の要求という権力的関与の規定が加えられたのであります。我が党は、その削除を求めてきましたが、違法確認訴訟制度はこれを補完するものであり、反対するものです。

また、長等の議会への出席義務を議長への届け出によって解除できるとする規定は問題です。長等が重要な影響のある公務出張などを理由に出席しなくてもよいと法定することは、議会軽視であり、行政のチェック機関としての議会の役割を後退させることとなります。

さらに、陳情の文言を法文から除いたことも重大であります。私の質問に対し、大臣は、請願等には陳情が含まれると答えました。であるならば、そもそも法文を変更する根拠はありません。憲法十六条が主権者である国民に保障する請願権を後退させかねない問題であります。

次に、民主党、自民党、公明党、国民の生活が第一等の共同提出による修正案についての反対理由を述べます。

百条委員会に係る関係者の出頭、証言、記録提出について、特に必要と認めるときに限るなどと極めて制限することは、百条委員会の調査権限を大幅にゆがめ、不正疑惑の真相を究明するその役割を後退させる、重大な改悪であります。

しかも、本委員会でも長崎県議会の事例を自民党委員が取り上げているように、本修正案提出の背景には、昨年９月、金子原二郎参議院議員と谷川弥一衆議院議員の親族企業であるＴ・Ｇ・Ｆが諫早湾干拓農地に入植した経緯等の疑惑解明のために、長崎県議会百条委員会が設置され、両国会議員らが出頭要請等についてこれを拒否してきた問題があります。

百条委員会は、真相の究明を求める県民要求に応え、議会の議決によって設置されるものであります。関係人は出席をして堂々と語ればいいのであって、出頭、証言、記録提出を拒むためにこのような制限を加えることなど、断じて許されないことであります。

また、政務調査費の名称を政務活動費に改め、調査研究その他の活動へと使途の制限を取り払うことに、国民の理解は得られません。政務調査費をめぐる一番の課題は、使途の全面公開を徹底し、住民の信頼を得ることであります。

さらに、議長に対して議会出席への配慮義務を課すなど論外であります。

以上述べて、反対討論とします。

○**武正委員長**　次に、重野安正君。

○**重野委員**　こうした観点から、政府提出の地方自治法の一部を改正する法律案については反対します。

また、修正案については、政務調査費の政務活動費への改正や透明性の確保等については賛成でありますが、他方で、百条調査に係る関係人の出頭及び証言並びに記録の提出の請求要件の明確化は、執行機関への監視機能としての百条調査を消極化することへの懸念があり、賛同できません。

社民党は、分権・自治を推し進める立場から、引き続き、自治法の抜本改正、地方自治基本法などの制定に向け全力を挙げることを申し上げ、討論とします。

○武正委員長　これにて討論は終局いたしました。

○武正委員長　これより採決に入ります。

地方自治法の一部を改正する法律案及びこれに対する修正案について採決いたします。

まず、逢坂誠二君外五名提出の修正案について採決いたします。

本修正案に賛成の諸君の起立を求めます。

〔賛成者起立〕

○武正委員長　起立多数。よって、本修正案は可決されました。

次に、ただいま可決いたしました修正部分を除く原案について採決いたします。

これに賛成の諸君の起立を求めます。

〔賛成者起立〕

○武正委員長　起立多数。よって、本案は修正議決すべきものと決しました。

○武正委員長　この際、ただいま議決いたしました法律案に対し、皆吉稲生君外３名から、民主党・無所属クラブ、自由民主党・無所属の会、国民の生活が第一・きづな及び公明党の四派共同提案による附帯決議を付すべしとの動議が提出されております。

提出者から趣旨の説明を求めます。皆吉稲生君。

○皆吉委員　ただいま議題となりました附帯決議案につきまして、提出者を代表して、その趣旨を御説明申し上げます。

案文の朗読により趣旨の説明にかえさせていただきます。

地方自治法の一部を改正する法律案に対する附帯決議（案）

政府は、本法施行に当たり、次の事項に十分配慮すべきである。

一　本法による改正事項のうちには、地方側から意見が寄せられたものも多いことを踏まえ、改正内容の周知と適切な助言に努めるとともに、適宜その運用状況を把握し、必要に応じ、制度の見直し等適切な対応を図ること。

二　議会に付与された極めて強力な権限である、いわゆる百条調査権については、その運用状況を踏まえ、引き続き、その在り方について総合的な検討を行うこと。

三　政務調査費制度の見直しについては、議員活動の活性化を図るためにこれを行うものであることを踏まえ、その運用につき国民の批判を招くことのないよう、改正趣旨の周知徹底と併せ、使途の透明性の向上が図られるよう、特段の配慮を行うこと。

四　通年会期方式については、これを選択する場合、長等の執行機関や職員の事務処理に及ぼす影響に配慮する必要があるものとされていることを踏まえ、適正な運用が図られるよう、改正趣旨の周知徹底を図ること。

五　第三十次地方制度調査会の地方自治法改正案に関する意見を踏まえ本法による改正から除外された、地方税等に関する事項の条例制定・改廃請求の対象化及び大規模な公の施設の設置に係る住民投票制度の導入について検討を行う場合には、同意見に示された考え方を踏まえるとともに、国と地方の協議の場等を通じて地方側と十分な協議を行うこと。

六　地方議会の議員に求められる役割及び在り方等を踏まえ、その位置付け等を法律上明らかにすることについて検討すること。

以上でございます。

何とぞ委員各位の御賛同をよろしくお願いいたします。

○**武正委員長**　以上で趣旨の説明は終わりました。

採決いたします。

本動議に賛成の諸君の起立を求めます。

〔賛成者起立〕

○武正委員長　起立多数。よって、本動議のとおり附帯決議を付することに決しました。

この際、総務大臣から発言を求められておりますので、これを許します。川端総務大臣。

○川端国務大臣　ただいま御決議のありました事項につきましては、その趣旨を十分に尊重してまいりたいと存じます。

○武正委員長　お諮りいたします。

ただいま議決いたしました法律案に関する委員会報告書の作成につきましては、委員長に御一任願いたいと存じますが、御異議ありませんか。

〔「異議なし」と呼ぶ者あり〕

○武正委員長　御異議なしと認めます。よって、そのように決しました。

7　参議院総務委員会にて政務調査費の改正案可決、成立

・参議院総務委員会にて政務調査費の改正案可決（24,8,28）

・参議院本会議可決 成立 (24,8,29)

参議院総務委員会の審議記録（質疑応答）

○礒崎陽輔君　ありがとうございました。

じゃ、地方自治法の修正案の方でちょっとお伺いをいたしたいと思います。

今回、地方自治法の改正案で、地方議会において交付されている政務調査費を政務活動費ということに変更する改正が行われておりますが、この改正なぜしなきゃならぬのか、端的にお答えください。

○衆議院議員（橘慶一郎君）　お答え申し上げます。

これまで政務調査費につきましては、条文上、交付目的は調査研究に資するものに限定されていたわけでありますが、議員活動の活性化を図るため、「その他の活動」という文言を追加することによりまして議会の議員としての活動である限り使途を拡大できるものとし、これに伴いまして政務調査費という名称を政務活動費に改めたというのが今回の修正案の趣旨でございまして、例えば、従来、調査研究活動と認められていなかった議員としての補助金の要請、陳情活動等のための旅費、交通費、あるいは議員として地域で行う市民相談、意見交換会や会派単位の会議に要する経費のうち、調査研究活動と認められていなかったものといったものについても条例で対象とすることができるようになると、こういう趣旨での改正ということでございます。

○礒崎陽輔君　大体そうだと思うんですけれども、私は、経緯考えたら、これは、地方自治法に政務調査費という言葉を入れたときの立法意思はもうちょっと広かったと私は思うんですよ。それは確かに調査だから調査なんですけど、調査といってもいろんな調査のやり方があるんで。ところが、いろんな議論を経て、判例の積み重ねもあって、非常にやっぱり最高裁判所が狭く解したと。狭く解して悪いと言っているんじゃありません、これは三権分立でありますから、それは尊重しなければなりません。立法意思があるにしても、一旦法律ができれば、それはその文言解釈で最高裁判所が判断するのが当然でありまして、悪いと言っているわけじゃありませんけれども、ただ、立法経緯を考えれば非常にちょっと狭く扱われたなという感じがする。

そこで、今回はもう少し使い勝手を良くしようということだと思うんですけれど、新聞を見ますと、オンブズマンの皆さんが、何かこれをやると政務調査費の支出に歯止めが掛からなくなるというような御批判をなさっておるようなんですが、これについてどう思われますか。

○衆議院議員（橘慶一郎君）　確かに、礒崎委員御指摘のような御批判というのが出ているということは承知をしておるわけであります。

しかしまた、今回の修正案においては、議員の活動である限りその他の活動にも使途を拡大できるものとする一方で、政務活動費を充てることができる具体的な経費の範囲については条例で定めるということにしておりますので、この条例の制定に関する議会における審議、あるいはその審議の過程における住民の方々の監視等によりまして、その無駄の排除や活動費の正当性を担保できるものと考えております。また、地方議会の議長にも、政務活動費について、その使途の透明性の確保に努めるものという努力規定も追加することをしておるわけでございます。

あくまで議会の議員の調査研究その他の活動に資するための経費の一部を交付するという形になるわけでありまして、議会の議員としての活動に含まれない政党活動あるいは選挙活動、後援会活動、また私人としての活動のための経費と、こういったものは条例によりましても対象にすることができないということでありまして、支出に歯止めが掛からなくなるという批判は当たらないものと考えております。条例で範囲をしっかり決めること、そしてまた透明性に努めること、こういったことで担保されているものと考えております。

○礒崎陽輔君　そうなんですね。私のところにもオンブズマンの皆さんから抗議文書来ているんですけれども、条例で決めるようにしたということはほとんど書いてくれていないんですね。だから、確かに政務調査費を政務活動費にしただけだったら私はちょっと適切な法改正じゃないと思いますけれども、その代わり具体的に何に使われるかということをきちっと条例で決めるんだということなんですね。そこのところはまず理解を得なきゃならぬと思います。

私は、今までのオンブズマンの皆さんの活動にも敬意を表したいと思います。もちろん不正は絶対許しちゃいけない、このために一生懸命オンブズマンの皆さんも頑張った、それは立派な市民活動だと私は思います。

ただ、もう一つ考えなければならないのは、一つはさっきの使い勝手の問題もありますけれども、予測可能性が立たない法律というのは良くないんですね。私の大分県でもいろんな事件がありましたけれど、議会の中のルールでは正しかったんです。議会の中のルールでは正しかったんですけれど、オンブズマンの皆さんから訴えられて、裁判所がそれはやっぱりおかしいという判断だった。それが、その判断がおかしいとは言っておるんではありませんけれど、議員の立場から見れば、何が適法で何が違法か、これが分からないというような法律はやはりおかしいんだと私は思うわけですね。

だから、今回の改正によって少し、調査費ではもう既に判例ができていますから、このままじゃ最高裁判所の判例も変わりませんから、それを調査費を活動費という名前に変えてもらって、しかしながら具体的に何に使えるかというのは議会が条例で決めるんだと。今の地方議会見れば、住民の関心は極めて強いです。そんな変な条例ができるわけありませんし、それから、額が増えるという改正ではありませんよね。それは今の額の範囲内で、今はどんどん減らそうという方にむしろ地方は動いておるわけでありまして、その範囲内で何に使えるかということをきちっと条例に定めて、議員も安心して使える、これはいい、これは駄目ということが住民の前にも明確になる、そういう改正だと私は思っておりますので、御尽力に感謝を申し上げたいと思います。

最後、もう一件、今回、百条委員会の証人喚問について、少し制限規定が修正案で入っておるわけでありますけれども、国会の場合も、議院証言法と地方自治法はパラレルにできておるわけでありますけど、国会は慣例上、証人喚問するときには会派全会一致という慣例でやっております。これはもう国会の良識だと思います。国会のやり方をそのまま地方に当てはめるというつもりはありませんが、やはり証人喚問というのは非常にやっぱり呼ばれる人の人権にもかかわることでありますから、非常に慎重に私は行われるべきであろうと思います。

○山下芳生君　もちろん住民投票が手続上定められようとしておりますので、大阪は私も地元ですから、そういう危惧については大いに大阪の中で議論したいと思いますが、そういう危惧がある手法をいろいろ提案されている大都市制度について、今回それに限って出したのはなぜかと。先ほど寺田委員から、勢いのある政治勢力になびくのはいかがかということがありましたけれども、私はなびかない立場として大いに警鐘を発信していきたいと思います。

残りの時間で、地方自治法改定案について伺います。

政務調査費について川端総務大臣に、まず、政務調査費の使途についてはやはり住民の納得と理解が得られるものじゃなければならないと思います。市民オンブズマンが調べただけでも、住民監査請求で勧告まで行われた件数は 84 件、9 億 4910 万円、住民訴訟は 70 件を超えており、うち 47 件は判決で支出の一部が違法と認定されております。

こういう政務調査費の運用の現状について、大臣の認識を伺いたいと思います。

○国務大臣（川端達夫君） 現行制度では、政務調査費は、議会における会派又は議員に対して、その調査研究に資するために必要な経費の一部として交付されております。

今回の修正では、議会活動の自由度を高めるために、政務調査費を政務活動費へと位置付けを見直すことによって調査研究活動以外の議員活動又は会派活動にも充てることができることを明確にするというものと承知しておりますが、今委員御指摘のように、政務調査費については、その運用をめぐって住民監査請求あるいは訴訟が提起されており、説明責任の徹底及び情報公開による透明性の向上を図っていくことが重要であるというふうに認識をしております。第二十八次の地方制度調査会の答申においても、住民への説明責任を果たす観点から、その使途の透明性を高めていくべきであると提言されていたところであり、今回の修正案に、議長に対する使途の透明性の確保に関する努力義務が明記されたことについては、これに資するものと認識をしております。

また、移行に当たっては、政務活動費を充てることができる経費の範囲は条例で定めることとされておりますので、各地方自治体において政務活動費の在り方を含め議会の支出について改めて議論が行われることが期待されているということで、その動向を注視してまいりたいと思っております。

○山下芳生君　今各地で政務調査費の公開が行われております。8月6日、東京都の政務調査費の領収書の公開が行われました。新聞各紙は、自己物件にも事務所賃料、子供だましとか、政調費疑問の支出、雑誌購読、議連参加費、領収書黒塗りもとか、疑問符付く支出も、新年会はしご、人件費は黒塗りなどなどと報道されております。

法案は、政務調査費の使途に対する住民の信頼が損なわれているときに、合理的な説明も国民的な議論もないまま突然衆議院の委員会の四会派修正でその使途を広げたものであります。

提案者の方に伺いますが、このような現状の下で政務調査費の使途を拡大することに住民の理解と納得が得られると考えておられるんでしょうか。

○衆議院議員（逢坂誠二君）　私の経験も踏まえて若干申し上げますと、地方議会の議員の皆様は様々な活動をしております。当然、その活動にはある一定の経費が掛かるということでありますが、その活動の経費に対して、それは一切合財御自身の収入で賄うべきだという考え方もある一方で、ある一定のもの、幾ばくかについては公費で賄ってもよいだろうという考え方もあるのだと思っています。今の日本の仕組みの中では、その議員の活動の経費のある一定部分について幾ばくかは公費で賄っていいだろうという、そういう自治体の判断があれば賄ってもいいだろうというのが今の仕組みだと思っております。

それで政務調査費というものがあるんだと思っていますが、その際に大事になるのは、私、二つだと思っていまして、一つはやはり透明性の確保、きちんと説明責任ができるということだと思います。それと、もう一点重要なのは、全国の自治体議員の皆さんの活動というのは随分実は差があります。大都市の議員の皆さんと小規模自治体の議員も違いますし、農山漁村と例えば製造業の多いような地域ともまたこれ違っていると思いますので、それぞれの地域で議員の活動の内容について議論をみんながして、そうして納得の得られるそういう公費負担の在り方というものを模索していくということが私は大事だと思っています。

その意味におきまして、今回の法案では、透明性を高めるという手だてをもう一段階加えました。それから、条例で決めるという、地域で議論をいただくということも加えさせていただいた。そして、国の大きな政務調査費に関する方向感も改めて見直させていただいたという意味で、この法案を出発点にして更に地域で御議論を深めていくことが私は大切だと思っております。

○山下芳生君　終わります

○片山さつき君　私は、ただいま可決されました地方自治法の一部を改正する法律案に対し、民主党・新緑風会、自由民主党・たちあがれ日本・無所属の会、公明党、国民の生活が第一、みんなの党及びみどりの風の各派共同提案による附帯決議案を提出いたします。

以下、案文を朗読いたします。

地方自治法の一部を改正する法律案に対する附帯決議（案）

政府は、本法施行に当たり、次の事項についてその実現に努めるべきである。

一、本法による改正事項には地方側から意見が寄せられたものも多いことを踏まえ、改正内容の周知と適切な助言に努めるとともに、適宜その運用状況を把握し、必要に応じ、制度の見直し等適切な対応を図ること。

二、いわゆる百条調査権は、議会に付与された極めて強力な権限であることから、その運用状況について必要な調査を行い、その状況を踏まえ、百条調査権の在り方について総合的な検討を行うこと。

三、政務調査費制度の見直しについては、議員活動の活性化を図るためにこれを行うものであることを踏まえ、その運用につき国民の批判を招くことのないよう、改正趣旨の周知徹底と併せ、使途の透明性の向上が図られるよう、特段の配慮を行うこと。

四、通年会期制を導入することによって長等の執行機関や職員の円滑な事務処理に支障を及ぼすことを防ぐため、通年会期制を選択する地方公共団体において、本会議や委員会の開催等により執行機関や職員に過度の負担が生じることのないよう議会運営に十分配慮することについて、周知徹底を図ること。

五、第三十次地方制度調査会の地方自治法改正案に関する意見を踏まえ本法による改正から除外された、地方税等に関する事項の条例制定・改廃請求の対象化及び大規模な公の施設の設置に係る住民投票制度の導入について検討を行う場合には、同意見に示された考え方を踏まえるとともに、国と地方の協議の場等を通じて地方側と十分な協議を行うこと。

六、地方議会の議員に求められる役割及び在り方等を踏まえ、その位置付け等を法律上明らかにすることについて検討すること。

右決議する。

以上でございます。

何とぞ委員各位の御賛同をお願い申し上げます。

○委員長（草川昭三君）　ただいま片山さつき君から提出をされました附帯決議案を議題とし、採決を行います。

本附帯決議案に賛成の方の挙手を願います。

〔賛成者挙手〕

○委員長（草川昭三君）　多数と認めます。よって、片山さつき君提出の附帯決議案は多数をもって本委員会の決議とすることに決定をいたしました。

ただいまの決議に対し、川端総務大臣から発言を求められておりますので、この際、これを許します。川端総務大臣。

○国務大臣（川端達夫君）　ただいま御決議のありました事項につきましては、その御趣旨を十分に尊重してまいりたいと存じます。

○委員長（草川昭三君）　次に、大都市地域における特別区の設置に関する法律案について採決を行います。

本案に賛成の方の挙手をお願いします。

〔賛成者挙手〕

○委員長（草川昭三君） 多数と認めます。よって、本案は多数をもって原案どおり可決すべきものと決定をいたしました。ありがとうございました。

なお、両案の審査報告書の作成につきましては、これを委員長に御一任願いたいと存じますが、御異議ございませんか。

〔「異議なし」と呼ぶ者あり〕

○委員長（草川昭三君） 異議ないものと認め、さよう決定いたします。

本日はこれにて散会をいたします。

（参議院総務委員会会議録第15号　平成24年8月28日より抜粋，下線は著者による）

8　議案可決後の動き

・平成24年8月30日地方議会3団体が、「地方自治法改正成立に対するお礼活動、政府、民主党。自民党、国民の生活が第一、公明党、みんなの党へ

以後，マスコミ派、政務活動費の拡大について、意見、社説等は別記のとおり。

・マスコミ関係は、
・河北新報社説 (24,8,31)　政務調査費 / 使途拡大は改革に逆こうする
・高知新聞社説 (24,9,2) 政調費使途拡大　法改正でタガを外すな
・朝日新聞社説 (24,9,3)　政務調査費　地方議員は襟を正せ
・朝日新聞　投書　声　(24,9,4)　　政務調査費の使途拡大とは
・西日本新聞社説（24,9,5）政務調査費　使途を広げる法改正とは
・北海道新聞社説 (24,8,20)　道議の政調費　使い方の根本的議論を
・中国新聞社説（24,9,6）政務調査費の使途緩和　住民の理解得られるか」
・愛媛新聞社説 (24,9,6)　改正地方自治法　政調費の使い道厳格な枠を
・下野新聞　投書 (24,9,7) 大いなる疑問残る「政務活動費」
・熊本毎日新聞社説 (24,9,8)　政務調査費　　ルーズな使い方に戻すな
・神戸新聞社説 (24,9,12)　使途拡大では改革後退だ

・山陰中央新報社説 (24,9,14)　政務調査費拡大 / 市民の監視で適正支出を
・茨城新聞論説 (24,9,14)　政務調査費拡大いいかんげんな条例阻止を
・岐阜新聞社説（24,9,14）　政務調査費拡大　支出の明確化へ監視必要
・北海道新聞社説 (24,9,16)　改正自治法　道半ばの住民参加拡大
・徳島新聞社説 (24,9,16)　政務調査費　適正な支出へ監視強化を
・福島民友新聞社説 (24,9,18)　政調費の使途拡大 / 一層の透明性確保が必要だ
・山陽新聞社説 24,9,18)　政務活動費　運用の厳格化への監視必要
・南日本新聞社説 (24,9,19)　【政務調査費拡大】タガを緩めてどうする
・佐賀新聞社説 (24,9,19)　政務調査費拡大 / その感覚をうたうばかりだ
・宮崎日日新聞社説 (24,9,20)　【政務調査費使途拡大】不正な支出許さない条例を
・下野新聞社説 (24,9,20)　政務調査費　使途拡大で正当化できぬ
・毎日新聞（24,9,20）＜政務調査費＞不適当支出で 11 億円「返還」
・共同通信社友藤田博司 (24,9,19) 政務調査費が政務活動費に化けた , 新聞よ , しっかりしてよ
・読売新聞 (24,9,27) 地方議員に対し、報酬とは別に支給される「政務調査費」とはどういうものなのですか

第２章　政務活動費の問題点

このたびの政務調査費の改定は、議員の使い勝手がいいように、議員活動にも使えるように、「その他の活動」を入れて拡大し、名称を「政務活動費」にしたものである。その使途で、「議員としての補助金の要請あるいは陳情活動等のための旅費、交通費、それから議員として地域で行う市民相談、意見交換会や会派単位の会議に要する経費のうち調査研究活動と認められていなかったといったものについても、条例で対象とすることができるようになる」と示したものである。

この問題について、検討する。

改正案の眼目は、「自民党総務部会で「二之湯智参議院議員が人件費や事務所費、後援会機関誌などにも充当可能になるのかを確認。また磯崎氏 (衆議院議員総務委員会　改正提案者一人) は、法律上の制限はなく条例で定めてもらうのが修正案の眼目」と自民党総務部会で説明 (自治日報 24,6,15) している」とした。

しかし、衆議院総務委員会での総務大臣は、「議会の議員としての活動に含まない政党活動、選挙活動、後援会活動それから私人としての活動のための経費などは条例によっても対象にすることができない」と答弁している。

１「その他の活動」の問題点

まず、法令上「その他の活動」とは、どう解釈するかである。

・総務省の通知及び説明

「従来、調査研究の活動と認められていなかったいわゆる議員としての補助金の要請あるいは陳情活動等のための旅費、交通費、それから議員として地域で行う市民相談、意見交換会や会派単位の会議に要する経費のうち調査研究活動と認められていなかったといったものについても、条例で対象とすることができるようになると解されている。また説明されている。」

その元は、国会審議で「従来、調査研究の活動と認められていなかったいわゆる議員しての補助金の要請あるいは陳情活動等のための旅費、交通費、それから議員として地域で行う市民相談、意見交換会や会派単位の会議に要する経費のうち調査研究活動と認められていなかったといったものについても、条例で対象とすることができるようになると考えられます。」と答弁している。

「従って、どのような経費の範囲を条例で定めるかにつきましては、これは各議会において適切に御判断をしていくべきものであると考えております。」

2 「調査研究その他の活動」の法令の用語等による場合

「調査研究その他の活動」とは、法令の用語等によれば、「その他の」は,前におかれた名詞又は名詞句が、その後に続く意味内容の広い言葉の一部をなすものとして、その言葉のなかに包含される場合に用いる。とある。

この法令用語からして、「その他の活動」となって、議員活動の全てを意味するもではないと解釈している。

3 「その他の活動」となっても、政務調査費と政務活動費の法的本質は変わらない

廣地毅氏は、「「その他の活動」とは、「調査研究」とどのような関係に立つのか一義的には明らかでない。しかし、政務活動費も自治体からの贈与である、この贈与は必ず社会・現実的対価関係を求める性格のものであることを考慮すれば、政務調査費が政務活動費になっても、その法的本質は大きく

変化しないと考えるべきである」と述べている。[1]

また田口一博さんも拡大について、「まず、検討すべきは交付対象をどこまで拡大するか、もっとも大都市や都道府県でならともかく、市町村ではもともと額が少ないので、拡大しようもないところが多いのも事実、法律のお約束としては「調査研究その他の活動」と言えば、政務調査と全く無関係な使途は想定外。」と述べている。[2]

4 「議員活動」の使用にも限度がある

「議会の議員としての活動に含まない政党活動、選挙活動、後援会活動それから私人としての活動のための経費などは条例によっても対象にすることができない」と総務大臣の答弁がある。

それでは、「従来、調査研究の活動と認められていなかったいわゆる議員としての補助金の要請あるいは陳情活動等のための旅費、交通費、それから議員として地域で行う市民相談、意見交換会や会派単位の会議に要する経費のうち調査研究活動と認められていなかったといったものについても、条例で対象とすることができるようになると考えられます。」更に、「どのような経費の範囲を条例で定めるかにつきましては、これは各議会において適切に御判断をしていくべきものであると考えております。」答弁している。

この答弁のとおり、条例で規定した場合、問題はないのか。

この点について、廣地毅氏は、今後の政務活動費の運用に関しての支出の適法性については、「「調査研究」に該当するか否かでなく、各地方公共団体の条例の規定に照らし、その適法性が判断されることになるものと考えられる。」と述べ。「政務調査費と政務活動費は、法的本質においては変化していないのであるから、政務活動費と名称を改めても、社会・現実的な対価価値に立てないところに支出できないものである」。そして、その「使途が自治体に還元（フィードバック）されるものが推測できるか否か」であるとも述べている。

私は、今回の改正は、「調査研究その他の活動」と議員活動にも公金を使用できるとしたものである。政務活動費の法的目的は、「調査研究に付随するその他の活動」であって、「調査研究」と「その他の活動」が分かれていない。調査研究以外の議員活動にも使用できるように「その他の活動」にしたことからは、議会の審議能力を高めて、地方分権における議会活性化に役ただないと思う。まして、議案の事前議論がなく、また議会での審議の不十分のまま、議決したこと。国会議員の政務活動費の条例が参考条例にあるような、「議員としての補助金の要請あるいは陳情活動等のための旅費、交通費、会派単位の会議に要する経費」を規定する条例は、法令の「調査研究その他の活動」に反した違法な条例であるから、支出は違法な支出として住民訴訟の対象になる。(平成28年8月5日宇都宮地裁に提訴係争中)

例えば、 現行の「政務調査費」においても、厳密には調査研究だけでなく、調査研究に伴う活動に対して使用している。また、研修会に参加するには、研修参加費（受講料）のみでなく、参加する交通費が伴うので、その交通費も使用対象にしている。

従って、政務活動費になったからといって、使途基準を改正する必要はない。

現行の政務調査費の条例においても、富士見市議会政務調査費の交付に関する条例の第2条で「政務調査費は、市政に関する調査研究その他の議会活動」と規定している。また、多く議会では、調査研究活動としているのが見られる。

更に、「議員としての補助金の要請あるいは陳情活動、会派単位の会議」は、政治活動であって、この政治活動等のための旅費、交通費、会費等に公金を使用することは、政務活動費の本来の法的目的である議会の会派または議員が「調査研究その他の活動」をして、議会の審議能力を向上、議会の活性化のための経費にはならないのである。

1「政務活動費の法的性質に関する一考察（一）・（二）」廣地毅　自治研究　25,4・5
2「政務調査費から政務活動費へ」（田口一博・現代行政研究室第29号（2012,9,5））

第３章　政務調査費改正に反対運動展開

１　衆議院総務委員会で政務調査費が改正された情報

「政務調査費その実態と問題点」の著者宮沢昭夫が、政務調査費が改正されるとの情報を「国会傍聴記 by 下町の太陽」（24,8,8）で平成 24 年 8 月 10 日に知る。この情報を全国市民オンブズマン連絡協議会事務局に提供して、政務調査費の改正反対活動が始動する。

２　参議院総務委員会に向けて反対の動き

① 各地オンブズマンの反対の動き

・「政務調査費野放し法案」に反対し抗議する声明（24,8,16）市民オンブマンおかやま
・政務調査費の審議についてのお願いについて　参議院総務委員会委員長草川昭三様　宮沢昭夫（オンブズ栃木代表）提出（24,8,17）、およびブログに掲載（24,8,18）
・「地方自治法の政務調査費条項の改正に強く反対します。（24,8,24）仙台市民オンブマン
・政務調査費が政務活動費に？　市民オンブマン福井　ブログ（24,8.25）
・政務調査に係る「地方自治法改正」。納得いかない　ブログ nigingi3 の日記（24,8,26）

② 全国市民オンブズマン連絡会議反対声明

地方自治法の政務調査費条項の改正に反対する。

1　平成24年8月10日、地方自治法100条14項・16項（地方議会の政務調査費についての根拠規定）の改正案が衆議院で可決された。改正案は「政務調査費」を「政務活動費」と改称し、交付の目的について14項に「その他の活動」の6文字を付加して「議員の調査研究その他の活動に資するため」としている。

この改正案は平成24年8月7日になって民主党・自民党・公明党・「生活」に所属する6名の議員が突如地方自治法の改正案に対する修正案として共同提出したものであり、国民的な議論が全くなされないまま、即日衆議院総務委員会において、共産党と社民党を除く賛成多数でこの修正案が可決され、衆議院会議で可決されるに至った。

2　しかし、地方議会の会派、議員による政務調査費の乱脈ぶりは数え切れないほど報告されている。提訴された住民訴訟は全国で70件を超え、そのうち47件の判決で支出の一部が違法と認定されている。そして、それらの訴訟の争点は、いずれも、当該支出が地方自治法が定める「議員の調査研究に資する」支出にあたるか否かを厳しく問うものである。議員や会派の調査研究に資するものではないことを理由に、多くの政務調査費が自治体に返還されている。うち6件では、違法とされた支出金額が1000万円を超えてすらいる。

3　ところが修正条項は「政務調査費」という名称を「政務活動費」と変更し、交付の目的に「その他の活動」を加えることで、これまで裁判所で違法とされてきた、およそ議員の調査研究と関係のない使い方をも合法化できる余地を広範に与えるものであって、市民から強く批判されてきた地方議会の政務調査費支出の乱脈ぶりに免罪符を与えようとするものに他ならない。

4　今日、わが国の財政は、国家においても自治体においても危機的な状況にあり、国民生活に不可欠な分野の財源すら削られている状況にある。そのような財政状況にもかかわらず、地方議員に対する公金支出の規律をゆるめることは、財政秩序のうえからも国民に対する信義のうえからも許されるべきではない。少なくともこのような例外扱いを地方議員に認めるのであれば、法改正の必要性をささえる合理的な理由を十分に国民に説明する責任があることはあらためて述べるまでもないことである。

5　私たちは、こうした説明責任も果たさず、議論らしい議論もないまま、お手盛りの改正案を可決したことを強く批判するとともに、これを廃案とするためにあらゆる努力を払うことをここに宣言する。

平成 24 年８月１８日

全国市民オンブズマン連絡会議
代表幹事　土橋　実
井上博夫
児嶋研二

③ 全国市民オンブズマン連絡協議会は第 19 回弘前大会にて反対決議

平成 24 年８月 25・26 日に第 19 回全国市民オンブズマン弘前大会にて「地方自治法の政務調査費条項の改悪に強く反対する決議」を決議する。特に分科会（2）政務調査費にて、国会は政務調査費を政務活動費に改正する法案を可決したこと。この改正案の施行に対して、反対運動を議論する。

④ 政務調査費の改正案が参議院総務委員会に提案される間に、各地の市民オンブズマンは、参議院総務委員会に、陳情、意見書を提出した。

栃木の「オンブズ栃木」は、参議院総務委員会委員に別紙の要望書を出した。

平成24年8月18日

参議院総務委員会

委員　　　片山虎之助　様

栃木県矢板市乙畑１６３０－２２

宮沢昭夫（79歳）オンブズ栃木代表

社会保険労務士・元矢板市議会議員（5期）

TEL:0287-48-0057/FAX:0287-48-4136

地方自治法の一部を改正する法律案の

政務調査費条項に改正に対する審議への要望

【対象議案】地方自治法の一部を改正する法律案

「政務調査費の名称の変更等（地方自治法第100条第14項および16項）」

1　名称を「政務活動費」に、交付の名目を「議会の議員の調査研究その他の活動に資するため」に改めること。

2　政務活動費を充てることができる経費の範囲について、条例で定めなければならないものとすること。

3　議長は、政務活動費については、その使途の透明性の確保に努めるものとすること。

平成24年8月7日衆議院総務委員会で可決。

平成24年8月10日の衆議院本会議で可決。

【序文】

私は、長年、真に有効な政務調査費の在り方を調査研究して参りました。

そして、時代の変遷と共に、住民が望む、求める、納得できるその姿は、よりシビアになってきていると痛感しています。

即ち、その姿は、より効果的に、或いは直接的に、議員の資質を高める、或いは議会の活性化に寄与するものであり、あらゆる審議にきちんと対応でき、実のある徹底した審議・議論がなされる為に、或いは自ら積極的に様々な政策提案ができる、そんな議会・議員を目指して、少しでもそこに近づけるよう、非力ながらも私なりに尽力して参りました。

その一環として、自らが地方議員時代には、現行法の政務調査費に移行した際、それに伴う条例制定に直接携わったり、また、後には「政務調査費―その使用実態と問題点―」を出版したり、各地で依頼を受け講演を行ったり、様々なシンポジウムに参加するなど活動をして参りました。

そのような立場から申して、今回のこの改正案においては、問題が大きいとの認識を持たざるを得ないものであり、下記に示す通り、審議の熟考を願い要望するものであります。

【要望内容】

議案そのものを廃案にするか、少なくとも第１項については削除することを要望する。

【論拠】

1　平成13年４月１日施行された現在の政務調査費に関する法律は、そもそも、従前は補助金として支給されていたものが、議員の第２報酬であると批判、問題にされ、各地で住民から住民監査請求や住民訴訟が相次ぎ、社会的に問題視されたことで変革を迫られ、地方議会３団体が政府および各政党に法改正の陳情をした結果、現在の形になったものである。にも関わらず、今回の改正案は、使途の範囲がこれまで以上に拡大解釈されることを厭わないものである故、再び、議員の第２報酬であると問題視されかねず、益々住民との齟齬が大きくなることが危惧される。

2　現行法への法改正以降も、その使途をめぐっては各地で住民監査請求や住民訴訟が絶えることなく、低迷を続ける社会情勢の背景も相まって、住民の意識は、より厳格化を求めるものとなり、常にマスコミを賑わせていることからも時代の流れに逆行している。

※参考資料：住民監査請求及び住民訴訟の年度別一覧

3　消費税増税という大きな問題の陰に隠れて、突如出された当改正案は国民が納得できる十分な審議がなされずに、８月７日に衆議院総務委員会に提出され、即日可決。８月 10 日には衆議院本会議で可決されており、国民の理解を得られるだけの十分な審議プロセスを全く経ていない。

4　議員特権と言われかねない今回の改正案は、議員の議員によるお手盛り法案と非難を受けるのは必至にも関わらず、国民に対し、法改正の必要性を理解、納得してもらうべく説明責任が何もなされていない。

5　何処の自治体も財政が厳しいこの折に、時代の流れに背き、住民の要求と真逆の方向へ舵を取り、何よりも、消費税増税という国民に負担を強いる大きな問題の陰に隠れて、国民には負担をお願いしつつ、議員自らは特権を得ようと解釈されるような当改正案は、間違いなく政治不信を増大させる。

⑤ マスコミの対応

・河北新報は、平成 24 年８月 26 日に「市民オンブマンは廃案要求」と記事、同様に毎日新聞、北海道新聞社説（24,8,20）　道議の政調費　使い方の根本的議論をも

・平成 24 年８月 29 日　政務調査費の改正案。参議院総委員会可決、同参議院本会議可決・成立、以後，マスコミ派、政務活動費の拡大について、意見、社説等は別記のとおり。

・河北新報社説（24,8,31）　政務調査費 / 使途拡大は改革に逆こうする

・北海道新聞（24,8,31）「政務調査費 / 使途拡大は改革に逆こうする

・高知新聞社説（24,9,2）政調費使途拡大　法改正でタガを外すな

・朝日新聞社説（24,9,3）　政務調査費　地方議員は襟を正せ

・朝日新聞　投書　声　（24,9,4）　政務調査費の使途拡大とは

・西日本新聞社説（24,9,5）政務調査費　使途を広げる法改正とは
・中国新聞社説（24,9,6）政務調査費の使途緩和　住民の理解得られるか
・愛媛新聞社説（24,9,6）　改正地方自治法　政調費の使い道厳格な枠を
・下野新聞　投書（24,9,7）大いなる疑問残る「政務活動費」
・熊本毎日新聞社説（24,9,8）　政務調査費　ルーズな使い方に戻すな
・神戸新聞社説（24,9,12）　使途拡大では改革後退だ
・山陰中央新報社説（24,9,14）　政務調査費拡大　市民の監視で適正支出を
・茨城新聞論説（24,9,14）　政務調査費拡大いいかんげんな条例阻止を
・岐阜新聞社説（24,9,14）　政務調査費拡大　支出の明確化へ監視必要
・北海道新聞社説（24,9,16）　改正自治法　道半ばの住民参加拡大
・徳島新聞社説（24,9,16）　政務調査費　適正な支出へ監視強化を
・福島民友新聞社説（24,9,18）　政調費の使途拡大　一層の透明性確保が必要だ
・山陽新聞社説（24,9,18）　政務活動費　運用の厳格化への監視必要
・南日本新聞社説（24,9,19）【政務調査費拡大】タガを緩めてどうする
・佐賀新聞社説（24,9,19）　政務調査費拡大 / その感覚をうたうばかりだ
・宮崎日日新聞社説（24,9,20）【政務調査費使途拡大】不正な支出許さない条例を
・下野新聞社説（24,9,20）　政務調査費　使途拡大で正当化できぬ
・毎日新聞（24,9,20）＜政務調査費＞不適当支出で 11 億円「返還」
・共同通信社友藤田博司（24,9,19）政務調査費が政務活動費に化けた , 新聞よ , しっかりしてよ
・読売新聞（24,9,27）地方議員に対し、報酬とは別に支給される「政務調査費」とはどういうものなのですか

第４章　政務活動費の交付に関する条例化の取り組み

１　地方自治法の一部を改正する法律の公布及び施行（総務大臣通知）

このたびの政務調査費から政務活動費に地方自治改正についての総務省の通知は、次のとおり。

総行行第 118 号
総行市第 134 号
平成 24 年９月５日

各都道府県知事　殿
各都道府県議会議長　殿
総務大臣

地方自治法の一部を改正する法律の公布及び施行について（通知）

政務活動費関係
第１　議会制度の見直しに関する事項
５　政務活動費
1)　政務調査費の名称を「政務活動費」に、交付の目的を「議会の議員の調査研究その他の活動に資するため」に改め、政務活動費を充てることができる経費の範囲について。条例で定めなければならないものとされたこと。
（法第 100 条第 14 項関係）

2)　議長は、政務活動費については、その使途の透明性の確保に努めるものとされたこと。（法第 100 条第 16 項関係）

本改正の趣旨を踏まえ、政務活動費を充てることができる経費の範囲を条例で定める際には住民の理解が十分得られるよう配慮するとともに、政務活動費の使途の適正性を確保するためにその透明性を高めることなどにより、適切に運用されたいこと。

2　地方議会３議長会の「政務活動費の交付に関する参考条例」

全国市議会議長会は、平成 24 年８月 29 日に「地方自治法の一部改正する法律案」が成立に伴い、政務活動費の交付に関する参考条例等検討委員会を設け、第１回検討会を平成 24 年９月 19 日開催した。以後２回行い、３回目平成 24 年に 11 月７日に２回に出された意見を参考にして、政務活動費の交付に関する参考条例を決定し、併せて各市区に送付する政務活動費の交付に関する参考条例等検討委員会報告書について検討し、決定した。

その内容は、別記のとおり。

(1)　検討結果の概要

①政務活動費を充てることができる経費の範囲

地方自治法の一部改正により、政務活動費を充てることができる経費の範囲を条例で定めることとされたことから、第６条（会派用、議員用については第５条）に経費の範囲を規定することとした。

政務活動費を充てることができない活動として、衆参両院の総務委員会の質疑において、「議会の議員としての活動に含まれない政党活動、選挙活動、後援会活動、私人としてのプライベートな活動のための経費などは条例によって対象とすることができない」という答弁が、法改正に対する修正案の提出議員から行われている。

同条第２項は、別表方式により、政務活動費の具体的な経費区分を示している。新たな経費区分として要請・陳情活動費を設けた。これは、衆参両院の総務委員会の質疑において、「従来、調査研究活動と認められていなかったいわゆる議員としての補助金の要請あるいは陳情活動等のための旅費、交通費、（中略）についても条例で対象とすることができる」という答弁が、法改正に対する修正案の提出議員から行われていることを踏まえたものである。この他に団体等が開催する意見交換会等各種会議への参加に要する費用を主な支出例と考える会議費を設けた。

なお、参考として、条例の別表を基にして各経費についての主な支出例を別紙１と２に示している。

② 透明性の確保等について

地方自治法の改正により、政務活動費の使途の透明性の確保が議長に求められたこと、また、衆参の総務委員会において使途の透明性の確保を求める附帯決議が可決されたことを踏まえ、透明性の確保に関する事項は条例に規定する事項とはされていないが、その趣旨をより明らかにするために収支報告書に領収書又はこれに準ずる書類の添付を求めるとともに、必要に応じて議長が調査等を行うことができることとした。領収書等が添付された収支報告書が提出されることは、議長の調査の必要性の判断材料となるなど、政務活動費の使途の透明性の確保に資するものと考えられる。透明性の確保の具体的な措置としては、領収書等の公開、ホームページにおける閲覧情報の掲載、政務活動費による活動結果の公表などが考えられる。

なお、議長の調査については、実務上、議長が調査を行うことが困難であるという意見や議長が調査を行わなくても他の方法で政務活動費の使途の透明性の確保ができるのではないかといった意見などが出された。

参考条例には、収支報告書への領収書又はこれに準ずる書類の添付、議長の調査等に関する規定を設けたが、先に述べたように法上、これら透明性の確保について各市区の条例に定めなければならない訳ではないことから、収支報告書への領収書又はこれに準ずる書類の添付、議長の調査等の実施を含む透明性の確保に関する規定等を設けるか否かについては、最終的には、各市区議会の判断によるものと考える。

次に、収支報告書の閲覧を請求することができる者については、①市（区）内に住所を有する者、②市（区）内に事務所又は事業所を有する個人又は法人と参考条例に規定しているが、近年の情報公開条例の制定状況や情報公開の動向等を考慮し、閲覧を請求することができる者を「何人も」とするなど、請求者の範囲を各市区議会の判断で拡大することや閲覧に関する規定を設けず、既に制定されている情報公開条例で対応することも考えられる。

また、参考条例は収支報告書の提出期限を○月○日としているが、領収書等の提出時期に関する実情をかんがみ、各市区議会の判断で提出の期限を定めることになると考える。

そして、改正に概要及び旨趣の解説で「本改正は、３議長会の要望を踏まえた議員修正によるものであるが、国会審議を通じて明らかにされたことによれば、本改正により、例えば、従来、調査研究の活動と認められていなかった、いわゆる議員としての補助金の要請あるいは陳情活動等のための旅費、交通費、会派単位の会議に要する経費のうち調査研究活動と認められていなかったもの等についても、条例で対象とすることができるようになると説明されている。」（植田・寺田）と拡大しても「可」と明確に述べていない。

○○市（区）議会政務活動費の交付に関する条例案（例）会派用

（趣旨）

第１条　この条例は、地方自治法（昭和 22 年法律第 67 号）第 100 条第 14 項から第 16 項までの規定に基づき、○○市（区）議会議員の調査研究その他の活動に資するため必要な経費の一部として、議会における会派に対し、政務活動費を交付することに関し必要な事項を定めるものとする。

（交付対象）

第２条　政務活動費は、○○市（区）議会における会派（所属議員が１人の場合を含む。以下「会派」という。）に対して交付する。

（交付額及び交付の方法）

第３条　会派に対する政務活動費は、各月１日（以下「基準日」という。）における当該会派の所属議員数に月額○○円を乗じて得た額を四半期ごとに交付する。

２　政務活動費は、各四半期の最初の月に、当該四半期に属する月数分を交付する。ただし、四半期の途中において議員の任期が満了する場合は、任期満了日の属する月までの月数分を交付する。

３ 一四半期の途中において新たに結成された会派に対しては、結成された日の属する月の翌月分（その日が基準日に当たる場合は、当月分）から政務活動費を交付する。

４　基準日において議員の辞職、失職、除名若しくは死亡又は所属会派からの脱会があった場合は、当該議員は第１項の所属議員に含まないものとし、同日において議会の解散があった場合は、当月分の政務活動費は交付しない。

５　政務活動費は、交付月の○日に交付する。ただし、その日が休日に当たる場合は、その翌日とする。

（所属議員数の異動に伴う調整）

第４条　政務活動費の交付を受けた会派が、一四半期の途中において所属議員数に異動が生じた場合、異動が生じた日の属する月の翌月（その日が基準日に当たる場合は、当月）の末日までに、既に交付した政務活動費の額が異動後の議員数に基づいて算定した政務活動費の額を下回るときは、当該下回る額を追加して交付し、既に交付した額が異動後の議員数に基づいて算定した額を上回る場合は、会派は当該上回る額を返還しなければならない。

２　政務活動費の交付を受けた会派が、一四半期の途中において解散したときは、会派は、解散の日の属する月の翌月分（その日が基準日に当たる場合は、当６月分）以降の政務活動費を返還しなければならない。

（政務活動費を充てることができる経費の範囲）

第５条　政務活動費は、会派が行う調査研究、研修、広報、広聴、住民相談、要請、陳情、各種会議への参加等市（区）政の課題及び市（区）民の意思を把握し、市（区）政に反映させる活動その他住民福祉の増進を図るために必要な活動（次項において「政務活動」という。）に要する経費に対して交付する。

２　政務活動費は、別表で定める政務活動に要する経費に充てることができるものとする。

（経理責任者）

第６条　会派は、政務活動費に関する経理責任者を置かなければならない。

（収支報告書の提出）

第７条　政務活動費の交付を受けた会派の経理責任者は、別記様式により、領収書又はこれに準ずる書類を添付して政務活動費に係る収入及び支出の報告書（ 以下「収支報告書」という。）を作成し、議長に提出しなければならない。

２　前項の収支報告書は、前年度の交付に係る政務活動費について、毎年○月 ○日までに提出しなければならない。

３　政務活動費の交付を受けた会派が解散したときは、前項の規定にかかわらず、当該会派の経理責任者であった者は、解散の日から○日以内に収支報告書を 提出しなければならない。

（政務活動費の返還）

第８条　市（区）長は、政務活動費の交付を受けた会派がその年度において交付を受けた政務活動費の総額から、当該会派がその年度において第５条に定める経費の範囲に基づいて支出した総額を控除して残余がある場合、当該残余の額に相当する額の政務活動費の返還を命ずることができる。

（収支報告書の保存及び閲覧）

第９条　議長は、第７条第１項の規定により提出された収支報告書を、提出期限の日から起算して○年を経過する日まで保存しなければならない。

２　次の各号に規定する者は、議長に対し、前項の収支報告書の閲覧を請求することができる。

① 市（区）内に住所を有する者

② 市（区）内に事務所又は事業所を有する個人又は法人

（透明性の確保）

第 10 条　議長は、第 7 条第 1 項の規定により提出された収支報告書について必要に応じて調査を行う等、政務活動費の適正な運用を期すとともに、使途の透明性の確保に努めるものとする。

（委任）

第 11 条　この条例に定めるもののほか、政務活動費の交付に関し必要な事項は、市（区）長が規則に定める。

＊条例の一部改正による場合の経過措置 1

（附則）

1　この条例は、平成○○年○月○日から施行する。

2　この条例による改正前の○○市（区）政務調査費の交付に関する条例の規定により交付されたこの条例の施行の日の属する月前の月分までの政務調査費については、なお従前の例による。

＊新規制定による場合の経過措置 1

（附則）

1　この条例は、平成○○年○月○日から施行する。

2　○○市（区）政務調査費の交付に関する条例（平成○○年条例第○号）は、廃止する。

3　前項の規定による廃止前の○○市（区）政務調査費の交付に関する条例の規定により交付されたこの条例の施行の日の属する月前の月分までの政務調査費については、なお従前の例による。

＊条例の一部改正による場合の経過措置２

（附則）

1　この条例は、平成○○年○月○日から施行する。

2　この条例による改正後の○○市（区）政務活動費の交付に関する条例の規定は、この条例の施行の日以後に交付される政務活動費から適用し、この条例の施行の日前にこの条例による改正前の○○市（区）政務調査費の交付に関する条例の規定により交付された政務調査費については、なお従前の例による。

＊新規制定による場合の経過措置２

（附則）

1　この条例は、平成○○年○月○日から施行する。

2　○○市（区）政務調査費の交付に関する条例（平成○○年条例第○号）は、廃止する。

3　この条例の規定は、この条例の施行の日以後に交付される政務活動費から適用し、この条例の施行の日前に前項の規定による廃止前の○○市（区）政務調査費の交付に関する条例の規定により交付された政務調査費については、なお従 前の例による。

別表（第５条関係）項目	内 容
調査研究費	会派が行う市（区）の事務、地方行財政等に関する調査研究 及び調査委託に関する経費
研 修 費	会派が研修会を開催するために必要な経費、団体等が開催する研修会の参加に要する経費
広 報 費	会派が行う活動、市（区）政について住民に報告するために要する経費
広 聴 費	会派が行う住民からの市（区）政及び会派の活動に対する要望、意見の聴取、住民相談等の活動に要する経費

要請・陳情活動費	会派が要請、陳情活動を行うために必要な経費
会議費	会派が行う各種会議、団体等が開催する意見交換会等各種会議への会派としての参加に要する経費
資料作成費	会派が行う活動に必要な資料の作成に要する経費
資料購入費	会派が行う活動に必要な図書、資料等の購入に要する経費
人件費	会派が行う活動を補助する職員を雇用する経費
事務所費	会派が行う活動に必要な事務所の設置、管理に要する経費

(2)　政務活動費の参考条例の最大の問題点

第２項の別表で定める政務活動に要する経費の内容には、「会派が行う活動」として、従来の調査研究が除いている。

このことは、政務活動費の交付条件である「調査研究その他の活動に資する」なのに、「活動」だけを条例に規定している。

このことにより、政務活動費は、政党活動、選挙活動、後援会活動それから私人としての活動のための経費など以外は、使用対象にしてしまうことになる。

この別表を具体的に規定していないで、アバウトしていることが問題、それが議員活動の使用される最大の要因です。

以上の事情から、全国都道府県議会議長会・全国市議会議長会が政務活動費の交付に関する条例（例・参考）は、使途の拡大を促し、地方自治体に財政の無駄使いを促進するもので、認められない。又、各地方議会は、この議長会のモデル条例の悪い規定を使用すべきないと思う。最後に使途基準の作成には、国会論議でもありますように具体的に使途基準を定めて頂きたいです。

3　条例（例・参考）作成前に市民団体から各議長会に対する反対、意見書、要望書

これら政務活動費の交付に関する条例（例・参考）に対する、反対、見直しを求めての動きは次の通り。

①全国市民オンブマン連絡協議会は、平成24年8月26日の第19回全国市民オンブマン弘前大会にて、決議をし、反対運動展開した。そして、政務活動費モデル条例案策定する、地方議会3団体に下記の意見書を提出した。

記

2012年10月25日

全国都道府県議会議長会　　御中

全国市議会議長会　　　御中

全国町村議会議長会　御中

政務活動費モデル条例案策定に対する意見書

1　私たちは、地方公共団体の議員・会派に対する政務調査費が議員の第二給与と化しているほどの乱脈ぶりが問題であるとして、政務調査費の支出の透明化を求めるとともに、使途をチェックしてきました。各地の市民オンブズ組織も政務調査費の使途を問題とする70件を超える住民訴訟を提起し、そのうち51件の判決で支出の一部が違法と認定されています。政務調査費の使途の健全化は地方議会の課題となっています。

2　一方、2012年8月に改正された地方自治法100条14項は「政務調査費」を「政務活動費」と改称し、交付の目的について「その他の活動」の6文字を付加しました。これを受けて改正される条例の定め方によっては、政

務調査活動以外への支出を許容する結果をもたらすおそれを生じさせます。

3　しかし、名称が政務調査費から政務活動費に変更されたとしても、同条項を規定する地方自治法100条は議員の調査権限を定めたものである以上、議員、会派の調査活動と無縁な活動への支出を許すことにはなりません。また同様に、改正法が「その他の活動」を加えた趣旨も、調査活動に関連しない行為への支出を許すというものではありません。当該活動が議員、会派の調査に属することを前提とするとともに、それ以外の活動に資するものであっても費用を支出する余地を認めるという趣旨であって、政務調査費の支出について各地の裁判所で示された使途基準とほぼ同様であり、これまで裁判所が許さなかったものに対しても支出を許すものではありません。

4　むしろ改正法において重視すべきは、16項で支出の透明性を述べている点です。これは政務調査費の支出の透明性について領収証の開示程度に止まる多くの議会の運営が不十分であることを前提として、会派において作成しているはずの出納簿や視察報告書などの記録を透明化することを命じていることは明らかです。

5　以上の点を地方公共団体の各議会が十分に理解し、条例の適正な見直しをすることができるよう、①調査研究活動と無関係な支出が許されるものではないこと、②これまで開示してこなかった会派の出納簿や視察報告書などの記録もできる限り市民に公開すること、の周知徹底こそが重要であり、貴議長会に対し、これらを盛り込んだモデル条例案を作成されるよう、求めます。

2012年10月25日

全国市民オンブズマン連絡会議

代表幹事　土橋　実

代表幹事　井上博夫

代表幹事　児嶋研二

②「政務活動費の使途厳格化を求める市民と議員の会」も、３地方議会議長会に要請書を提出した。

・「政務活動費の第２給与化を許さない市民と議員の会」結成準備会を平成24年10月4日、新宿区にて行う予定です。新宿区議、杉並区ほか参加
・政務活動費の使途の厳格な適正化を求める市民と議員の会結成総会される平成24年10月21日　代表に市民から宮沢昭夫（栃木県矢板市民）、議員から那須雅之（新宿区議）、総務省、地方議会３団体、全国市長会訪問要請（24,10,29）

平成24年10月29日

全国都道府県議会議長会　様
全国市議会議長会　様
全国町村議会議長会　様

政務活動費の使途厳格化を求める市民と議員の会
代表　宮沢昭夫　（元栃木県矢板市議会議員）
那須雅之　（東京都新宿区議会議員）
事務所　東京都新宿区原町 1-10 1-A
電話 03-3209-7710

政務活動費に交付に関する条例・使途基準案策定に対する要請書

標記の件について、私たちは、このたびの地方自治の一部を改正する法律が公布された地方議会議員に交付される政務活動費の内容について検討しました。その結果次のような事項について、地方自治体の財政の厳しい中で、更なる公金を支出することは困難であると考えました。よって貴団体が、政

務活動費の交付に関する条例・使途基準案策を作成するに当たっては、次の事項を要請します。

記

1　地方自治体の財政の厳しい中で、更なる公金を支出することは困難であり、かつ住民の立場からも許されないと考えます。よって改正案は、使途を広げることなく必要最低限の条例案にして頂きたい。

2　政務活動費の交付目的は、「議員の調査研究その他の活動に資するため」とあります。「その他の活動」については、法令の用語等によると、「その他の」は，前におかれた名詞又は名詞句が、その後に続く意味内容の広い言葉の一部をなすものとして、その言葉のなかに包含される場合に用いるものでとありますから、「その他の活動」となったことで議員活動の全てを意味するものではありません。

従って、「政党活動、後援会活動などの選挙活動等を除く、会派活動及び議員活動」に対して政務活動費が使用できるという誤った解釈で、条例・使途基準の参考案を策定しないで頂きたい。

このことは、今回の改正が、自治法の100条は議会の調査に関する条文である法理からも導き出されるものです。

3　使途基準については、「具体的に充てることができる経費の内容については条例で定めるという形にした」ものである（平成24年8月7日衆議院総務委員会での橘　慶一郎議員の説明）ことから、「使用できるものと使用できないもの」を具体的に明示して頂きたい。

4　条例の改定には、衆参議院総務委員会の付帯決議にあるように、「改正趣旨の周知徹底」を特段の配慮を行うこと」とあるように、議会の改正案の審議については、公聴会、パブリックコメント等市民意見の聴取を行うよう強く求めて頂きたい。

5　参考に私たちの「政務活動費に交付に関する条例案・使途基準案策を添付しますので、政務活動費の交付に関する条例･使途基準案策定に際して、参考にして頂きたい。

③この他にも政務活動費に対する反対、条例につての意見書提出などは下記のとおり。

・宮城県議会に仙台市民オンブズマン、和歌山県議会に市民オンブズマンわかやま、千葉県議会に千葉県市民オンズマン連絡会議、青森県議会の弘前市民オンブズパーソンズ、福井県議会に市民オンブズマン福井、愛知県議会、愛知県内市議会に名古屋市民オンブズマン。栃木県議会にオンブズ栃木等が申し入れている。
・オンブズ栃木　平成 24 年 11 月 10 日　宇都宮市にて、「政務活動費に交付に関する条例・使途基準案の検討会を実施することに決定　24,10,23 マスコミ FAX, 市議会案内郵送　宇都宮市文化会館 13：30 ～ 16：30

平成 25 年 1 月 4 日

＿＿＿＿＿＿＿市議会議長　様

オンブズ栃木
代表　宮沢昭夫
宇都宮市今泉４－１４－５
028-627-2333

政務活動費の交付に関する条例策定に対する意見書

このたびの政務調査費が政務活動費に法改正されたことに伴い、各議会は、新たに政務活動費の交付に関する条例を策定し、議会に提案することになります。

この政務活動費の交付に関する条例案策定に際しては、全国市議会議長会の「政務活動費の交付に関する条例（例）」を参考にして、策定されることと思います。

ついては、参考とする全国市議会議長会の「○○市（区）議会政務活動費の交付に関する条例」（例）には、次の事項に問題がありますので、条例に規定しないで頂きたくお願いします。又その他の個所の規定は、修正規定をご使用して頂きたい。

なお、①条例の改定には、衆参議院総務委員会の付帯決議にあるように、「改正趣旨の周知徹底を特段の配慮を行うこと」とあるように、議会における改正案審議にあたっては、公聴会、パブリックコメント（千葉県議会・大分県議会・栃木県議会・福岡県議会など実施）等市民意見の聴取を行うよう強く求めます。②宇都宮市議会は、政務調査費の条例改正は名称変更のみ、現状維持と議会制度検討会議で決定ました。また多治見市議会は、名称変更のみ、現状維持としました。

特に、これを機会に従来の政務調査費の使途基準に使用の拡大をしないように求めるものです。

記

１－１　第５条は削除

理由は、この規定にある「住民相談、要請、陳情、各種会議への参加等市（区）政の課題」は新たに追加されたものであります。そして、政務活動費の定義についての法令上の規定がないのに条例に規定しています。

この住民相談、要請、陳情は、政治活動であり、住民の代表としての議員の当然の義務であります。これには議員報酬が支給されています。

更に、法令は、交付の目的を「調査研究」としていたものを調査研究の後に「その他の活動」を加えて、「調査研究その他の活動」としたことで、従来は、政務に関した調査研究を主目的でしたものが、政務活動にしたことで、議員活動の全般に拡大されたようになった。

政務活動費の交付目的は、「議員の調査研究その他の活動に資するため」とあります。「その他の活動」については、法令の用語等によると、「その他の」は，前におかれた名詞又は名詞句が、その後に続く意味内容の広い言葉の一部をなすものとして、その言葉のなかに包含される場合に用いるものでありますから、「その他の活動」となったことで議員活動の全てを意味するものではありません。

従って、「政党活動、後援会活動などの選挙活動等を除く、会派活動及び議員活動」に対して政務活動費が使用できるという誤った解釈で、条例・使途基準の条例を策定しないで頂きたい。

このことは、今回の改正が、自治法の100条は議会の調査に関する条文である法理からも導き出されるものです。

1－2　第5条第2項　別表

(1)　第2項の別表で定める政務活動に要する経費の項目について

「要請・陳情活動費」は、政務活動費の交付目的が「調査研究その他の活動」に該当しませんので削除すべきです。

なお、国会審議では、よいとしていますが、法令上に解釈としては、「その他の活動」については、法令の用語等によると、「その他の」は，前におかれた名詞又は名詞句が、その後に続く意味内容の広い言葉の一部をなすものとして、その言葉のなかに包含される場合に用いるものであります。

従って「その他の活動」となったことで議員活動の全てを意味するものではありませから政務活動費の交付目的が「調査研究その他の活動」に要請・陳情活動費は該当しません。

(2)　第2項の別表で定める政務活動に要する経費の内容について

① 広聴費の「住民相談会等」とあるが、「議員が住民意思の把握等広範な議員活動すること」は、住民の代表としての議員として必須条件であり、住民の声をきく、住民意思に把握・吸収の活動は、政治活動である。これらに対して、政務活動費を使用することは、住民の代表としての議員報酬の上に、更に、公金を支給することになるので、公金の二重の支払いになります。

特に、この市民相談活動は、政党である公明党の議員が行っています。その当事者が市民相談は、政治活動の一環と認めています。

また、市民相談等の経費　交通費、茶菓子代、補助者の人件費に政務活動費を使用することは、議員の政治活動に公金を使用することになります。議員が住民意思の把握等広範な議員活動することは、政治活動であることに公金を支給することになり、公職選挙法違反になるので、政務活動費の対象にできない。

② 会議費の「会派が行う各種会議」は、会派は議会における公的団体であることから、会派の議会活動で対象に議員報酬で対応されるものです。

③ 広報費、広聴費、資料作成費、資料購入費、人件費、事務所費の内容に「会派が行う活動」として、従来の調査研究が除いています。　政務活動費の交付条件であります「調査研究その他の活動に資する」ためなのに、「活動」だけを条例に規定しています。この規定により、政務活動費を政党活動、選挙活動、後援会活動それから私人としての活動のための経費など以外のすべてを使用対象にすることになります。

(3) 「会派が行う活動」は、法令が「調査研究その他の活動」と規定しているのを条例で「調査研究」を除いていますので、法令の違反になる恐れが想定されます。

なお､「会派が行う活動」とした場合､条例無効行政訴訟､又使用した場合は､法令に反した条例であるから、その使用は違法であると住民訴訟の対象になることが想定されます。

2　第２条の規定は、下記のように規定されることを提案します。

①条

（政務活動費の使途の基準及び制限）
第２条　会派は，政務活動費を別表１（別紙）で定める使途基準に従って使用するものとし，市政に関する調査研究その他の活動に資するため必要な経費以外のものに使用してはならない。

2　会派又は議員が政務活動費を支出する対象である活動が、市政に関する調査研究と、それ以外の議員活動の両者をともに含む場合には、当該活動の全体に対する市政に関する調査研究の占める比率によって按分した割合を超えて、政務活動費を支出してはならない。
3　政務活動費は，次に掲げる経費には支出することができない。
（1）　政党（政治）活動に係る経費
（2）　選挙活動に係る経費
（3）　後援会活動に係る経費
（4）海外調査に係る経費
（5）　議員としての一般的な活動に係る経費
（6）　私的活動に係る経費
（7）　その他調査研究その他の活動の目的に合致しない経費

注釈　参考例には、①2、3項の規定がありません。特に3項の規定は、明示しておくべものです。

② 別表（使途基準）
◆項目について
「要請陳情等活動費」を削除する。
◆内容について
「会派が行う活動」を「会派が行う調査研究その他の活動」と修正する。
◆支出できるものと、支出できないもの、留意事項を追加する。
別添　その参考使途基準（表）

3　その他の修正規定

① 第10条第4項　「領収書その他の支出の事実を証する書類」を「領収書、**出納簿、**その他の支出の事実を証する書類」と修正する。

② 第 11 条（政務活動費の返還）

「第６条に定める経費の範囲に基づいて支出した総額を控除して残余がある場合、当該残余の額に相当する額の政務活動費の返還を命ずることができる」を次のように改正する。

（政務活動費の返還）

第 11 条　政務活動費の交付を受けた会派は，その年度において交付を受けた政務活動費の総額が当該会派のその年度において市政の調査研究その他の活動に資するため必要な経費として支出した総額を控除して残額がある場合は，当該残余の額を返還しなければならない。

２　会派は、監査委員又は住民監査請求の結果並びに、裁判の判決で政務活動費の使用内容が目的外支出、違法とされた場合には、その監査結果または判決を最大限尊重するものとする。

第 12 条は、参考の規定を使用すべきです。（何人も公開の対象にする）

③ 第 13 条を次のよう修正する。

（議長の調査）

第 13 条　議長は、政務活動費の適正な運用を期するため、前条の規定により収支報告書、出納簿及び領収書等が提出されたときは、必要に応じ調査を行う等、使途の透明性の確保に努めるものとする。

※議長の透明の確保もよいが、議長の調査権を主に、その結果透明性の確保を求めるべきです。

④ 追加規定　第３者機関の政務活動費の審査（チエック）規定を置くことを提案する。

（審議会の設置）

第 14 条　市長は、政務活動費の適正な執行を図るため、政務活動費審議会（以下「審議会」という。）を置く。

2　審議会は、収支報告書等を審議し、経理責任者に説明を求めることができる。

3　審議会は、前項の審議を行うほか、この条例による政務活動費の交付に関する重要な事項について審議し、市長に意見を述べることができる。

4　審議会は、委員５人以内で組織し、知識経験を有する者のうちから市長が委嘱する。

5　委員の任期は、２年とする。ただし、再任を妨げない。補欠委員の任期は、前任者の残任期間とする

※この規定を設けています。議会は、郡山市議会、水戸市議会，さいたま市議会、広島市議会

・東北ネットのオンブズマンが、平成 24 年 12 月 1 日 宇都宮市にて、「地方自治法改正によって議員の政務調査費はどう変質するか」シンポジウム　上脇博之（神戸学院大学教授）

　そして、全国市民オンブズマン連絡会議は、都道府県議会議長、政令市議会議長、中核市議会議長あてに、下記のような文書を郵送している。

都道府県議会議長 殿

政令市議会議長 殿

中核市議会議長 殿

政務活動費条例改正を拙速に行わないことを求める声明

1　私たちは、地方公共団体の議員・会派に対する政務調査費が議員の第二給与と化しているほどの乱脈ぶりが問題であるとして、政務調査費の支出の透明化を求めるとともに、使途をチェックしてきた。各地の市民オンブズ組織も政務調査費の使途を問題とする７０件を超える住民訴訟を提起

し、のうち51件の判決で支出の一部が違法と認定されていることからも明らかなように、政務調査費の使途の健全化は地方議会の課題となっている。

2　ところが、2012年8月に改正された地方自治法100条14項は「政務調査費」を「政務活動費」と改称し、交付の目的について「その他の活動」の6文字を付加した。これを受け、改正法の施行予定日である2013年3月1日までに各地方公共団体において、従来の政務調査費条例を改正することが必要になった。しかし、ここでの問題は、政務活動費の使途基準である。法改正によって名称が政務調査費から政務活動費に変更されたとしても、同条項を規定する地方自治法100条は議員の調査権限を定めたものである以上、議員、会派の調査活動と無縁な活動への支出が許されないことは、これでと変わるところはない。改正法の「その他の活動」に含まれるものとして、何を使途に加えるべきかは慎重な検討を要するはずであって、政務調査費の使途に対する市民の厳しい評価に鑑みれば、来年3月1日までに短期間で決定できるものではないはずである。

3　現に今回の地方自治法改正における衆議院総務委員会における提案者の趣旨説明では、公開の場で喧々諤々、議論をして」条例改正することを求めている。ちなみに、宇都宮市議会では、来年3月1日までの条例改正は名称変更等に留め、「その他の活動」に何を含めるのかは今後1年かけて決定するとしている。ところが、名古屋市議会や青森市議会では、非公開の場所で条例案が議論され、本会議ではほとんど議論がなされずに使途を拡大した条例改正を行った。しかし、このような改正手法は議員活動に対する市民の不信を増加させるだけだ。私たちは、来年3月1日までの条例改正は従前の政務調査費条例の使途基準を拡大することなく、名称変更等にとどめるとともに、使途基準の変更については、1年にこだわらず、今後条例改正のための情報をできるだけ透明化し、市民の意見を取り入れる作業を行ったうえで慎重に決するべきであると考える。

4　以上の通り、政務調査費条例改正に関し、議会内でどのような議論がなされたのかを市民がチェックすることが極めて重要である。したがって、私たちは貴議会に対し、政務調査費条例改正の過程をできる限り透明化するよう、求めるものである。また、その達成度をはかるため、私たちは条例改正の期限である2013年3月上旬に、「政務調査費条例改正に関する一切の資料」を全国一斉情報公開請求し、その他アンケートを踏まえた公開度を議会ごとにランキング発表する予定であることを付言する。

2012年12月26日

全国市民オンブズマン連絡会議
代表幹事 土橋 実
代表幹事 井上博夫
代表幹事 児嶋研二

4　参考条例と別に各議会の条例化の動き

(1) 県議会、市議会の動き

・滋賀県議会　使途拡大賛成（24,9,14）
・山口県議会　議会各検討協議会（24，9，2）設置
・埼玉県議会　地方自治法の一部改正に伴う条例改正について（議長に申し入れ）24,9,24
社民党・日本共産党　政務活動費の交付目的の改正は、全会派参加で民主的な審議を
・多治見市　政務調査費に係る制度会への対応について（多治見市議会政務調査費の交付に関する規則の一部改正する規則）パブリックコメント（24,9,24 ～ 24,10,24）
・青森県議会　政務活動費について「議会改革検討委員会」に諮問した（24,9,27）個人的な陳情や、式典出席の交通費に充てる。

・北九州市議会　改革協議会発足　政務調査費も含む　10 月中旬初会合（24,9,29）
・島根県議会 「政務活動費」懇話会を設置（24,10,3）
・栗原市議会　議会として十分な議論を重ねてまいります（24,9,14）
・熊本県議会（23,10,25）　第 1 回　政務活動費に関する検討会
・宇都宮市議会は、議会制度検討会にて、政務活動費の条例改正は、明蝶等変更にのみで、使途は現状を維持し、政務活動費については 1 年間で検討することに決定した。24,11,24
・×青森市議会は、参考条例をまねた政務調査費の一部改正法案を平成 24 年 11 月 28 日賛成多数で可決した。
・◎多治見市議会 24，12 提出予定　PC　政務活動費に充てることができる経費、別表第 1 及び別表第 2 に定める経費、2 項で充ててはならない経費を規定している。現行と同じ
・◎町田市議会　24,11,29 提出　　政務活動費に充てることができる経費、市政に関する調査活動、広聴広報活動に要する経費、別表は規則に
・×瑞穂町議会　24,12,3 提出　参考条例と同じ

(2) 検討委員会・パブリックコメントした議会

①検討委員会で検討した議会

福島県、福島市、郡山市、埼玉県、京都府、大阪府、山口県

なお、大阪府議会は、検討委員会に参考人を参加させている。また、検討委員会は、公開で、傍聴を認め、記録の公開している議会（郡山市）あった。

②パブリックコメントした議会

千葉県、栃木県、大分県、福岡県、長崎県、東京都北区、伊予市、新潟市、青森市

なお、北区、伊予市は意見がなったのが残念でした。

なお、地方議会の各議会での政務活動費の条例の改定は、次の制定状況に

て述べる。

⑶ 政務活動費の条例化に関してマスコミは、次のように述べている。

・東奥日報社説（2410,3）あいまいな条例許すな / 政調費の使途拡大
・西日本新聞（24,10,17）地方議会で政策の調査・研究のために会派や議員に支給される

政務調査費について

・秋田さきがけ（24,10,18）地方点描：政調費の使い道　[報道部]
・中日新聞（24,10,31）政調費が来春「政務活動費」議員「懇談会」市民警戒「研究」から使途拡大
・中日新聞（24,11,13）　政務活動費の範囲に　県改正案　かすむ調査目的
・神奈川新聞（24,12,13）　政務活動費　抜け道は許さない
・毎日新聞（25,2,3）なるほど：政務調査費のあり方はどう変わるのか和歌山
・紀伊民報（25,2,5）　県議会の政務調査費　その必要性から再考を
・秋田さきがけ（25,2,10）　社説　政務活動費　透明性確保を優先せよ

第５章　政務活動費の条例制定状況

地方分権下における議会の在り方は、従来のような標準会議規則、準則に従って、条例を議決するのでなく、議会自ら議論し、検討して制定するべきである。

しかし、政務調査費の条例制定状況をみると、所属の議長会の参考条例(地方議会３団体の参考条例を「参考条例」として言う)。をそっくり制定しているのが大部分であった。

今回の政務活動費の条例改定状況をみると、その傾向は見られる。

１　条例制定の状況

(1)　条例の改定状況

①参考条例を使用している議会（35 議会）

北海道、青森、山形、宮城、福島、茨城、栃木、千葉、埼玉、山梨、富山、福井、石川、岐阜、静岡、三重、滋賀、大阪、兵庫、奈良、和歌山、鳥取、島根、岡山、徳島、香川、高知、福岡、長崎、佐賀、熊本、大分、宮崎、鹿児島、沖縄

※山形県議会は、規定が参考条例の規定で、使途項目の内容を規定化している。しかし、使途基準を別表にない。

※三重県議会　参考条例と同じ。特に 10 条で使途基準に従って支出しなければならない。としていることは、議長の定める規定が法規範になる

ことを規定化したものである。

なお、全国市民オンズマン連絡会議の調査では、「議長会案と同様に拡大」が40、「以前より拡大していない」が4（群馬、東京都、長野、鳥取）となっている。

②参考条例の規定をしないで、使途項目に要請陳情等活動費を規定した議会

秋田県議会、岩手県議会、長野県議会、神奈川県議会、愛知県議会、愛媛県議会

③参考規定をしないで政務調査費の定義を規定しないで使途項目を規定化し、要請陳情等活動費を規定化した議会

新潟県議会、広島県議会

④ 名称変更のみ現状の移行した議会

鳥取県議会、群馬県議会、山口県議会

⑤ 独自な規定化した議会

・東京都議会

調査費を活動費にして、2条は活動費に充てることができる経費の範囲等としている。

第1条2　活動費は、議員が都民意思を代表し、政策を形成することであり、議会の役割が知事その他の執行機関が行う施策の評価及び監視並びに政策の立案であることに鑑み、議員が行う、調査研究、情報収集、政策立案、広報･広聴活動（以下「政務活動」という）に要する経費に対して交付する。

使途基準は分類として

・調査研究補助費（人件費、事務所費、事務費、交通費）内容

・調査・政策立案費（視察・研修費、調査委託費、資料購入・作成費、会

議費、グループ活動費）内容

・広報・広聴活動費（広報紙（誌）発行、ホームページ作成・管理費、政策広報費、会費）内容

※「東京都議会政務活動費調査等協議会」がある。政務調査費のときもあったものである。

・京都府議会

活動に要する経費として、条文に「（１）府の政策形成にかかわる調査研究、企画、立案等の活動」というように、使途項目の内容を規定化している。更に使途基準を別表にしている。

(2)　経費の項目の問題点

別表　政務活動費に充てることができる経費の範囲

・群馬県議会

政務活動費に充てることができる経費の「別表　分類　活動補助費　項目　交通費　内容　政務活動のため日常的に必要な交通費」は、議員の日常的活動に使用されるおそれがあるので問題である。

政務調査費の使途基準の場合の別表は、項目、内容、主な例又は支出できるものと具体的に例を記載していた。しかし、政務活動費の別表は、項目、内容のみとなった。

これは国会答弁にある「具体的に充てることのできる経費については条例で定めるということ」の主旨に反する。

・新潟県議会

政務活動費を充てることができる経費の範囲を「つぎのとおりとする。」して。(1) 調査研究費、(2) 要請陳情等活動費、(3) 研修費、(4) 会議費、(5)

資料作成費、(6) 資料購入費、(7) 広聴広報費、(8) 事務所費、(9) 事務費、(10) 人件費。また、政務活動費を議長が別に定める使途基準に従い使用しなければならないとする。

政務活動費を充てることができる経費の範囲を具体的に定めることに反して強いる。参考条例は、条例で別に定める「政務活動費を充てることができる経費の範囲」を決めている。

・横浜市議会

政務活動費を充てることができる経費の範囲については、定義をしないで別表のとおりする。なお、2 項で、政党活動、選挙活動、後援会活動又は私人としての活動に要する経費にてることができない。

3 項は前項の規定に従って適正に使用しなければならない。

※この 2，3 項の規定を設けない議会が多い。規定すべきである。

(3) 政務活動費を増額した議会

	変更内容	時　期	
宮城県	大崎市	8 万円→ 12 万円	施行
秋田県	大仙市	12 万円→ 18 万円	施行
栃木県	真岡市	20 万 4000 円→ 24 万円	施行
埼玉県	久喜市	24 万円→ 36 円	施行
千葉県	南房総市	6 万円→ 12 万円	施行
東京都	立川市	24 万円→ 60 万円	施行
愛知県	豊田市	38 万円→ 53 万円	施行
	一宮市	36 万円→ 60 万円	施行
	田原市	15 万円→ 24 万円	施行
兵庫県	新温泉町	3 万円→ 6 万円	施行
島根県	浜田市	7 万円→ 10 万円	施行
広島県	竹原市	3 万円→ 24 万円	施行
長崎県	対馬市	12 万円→ 18 万円	施行
熊本県	山鹿市	12 万円→ 24 万円	施行
沖縄県	石垣市	1 万円→ 2 万円 5000 円	施行

・杉並区議会　新年会費　5,000 円を設けた。

・秋田県議会　月 25 万円を月 28 万円に自民党が提案したが反対で取下げた

・京都府議会　月 50 万円＋会派運営補助金月６万円＝月 56 万円を月 50 万円に

(4)　非公開から全面公開にした議会

・埼玉県議会

「会派の自主的な活動に支障を及ぼすおそれがある場合に限り領収書の添付の添付は不要とする除外規程をなくして、全面公開した。

海外視察報告書、広報紙は議長に提出

2　その他区・市・町議会の動き

(1)　栃木、佐賀、福島、政令市、中核市の議会

・栃木県内の議会

①名称変更のみで現状の移行した議会

宇都宮、佐野、栃木、鹿沼、小山、矢板、那須塩原

②参考条例に使用した議会

足利　※真岡市議会は、従来使途項目になかった各種会議への参加等で「会議費」を規定化した。

・佐賀県内の市議会 (佐賀新聞)

①名称変更のみで現状の移行した議会

佐賀市、伊万里

②参考条例に使用した議会

唐津、鳥栖、武雄、嬉野

・福島県内の市議会 (読売新聞)25,3,28

①名称変更のみで現状の移行した議会

二本松市、須賀川市、白河市、
②参考条例に使用した議会（12 市町村拡大）
福島市、郡山市、いわき市、会津若松市 (会議費は除く)
・政令市の場合（12）
①名称変更のみで現状の移行した議会
相模原市、静岡市、
②参考条例に使用した議会（18 市拡大）
・中核市の場合（41）
①名称変更のみで現状の移行した議会（12）
盛岡市、秋田市、宇都宮市、前橋市、川越市、柏市、長野市、岡崎市、高槻市、尼崎市、西宮市、大分市
②参考条例に一部変更した議会（３）
函館市、大津市（会議費追加）久留米市（要請陳情費追加）、
③参考条例に使用した議会（26）

(2) パブリックコメント、検討委員会で検討した議会

①検討委員会で検討した議会
福島県、福島市、郡山市、埼玉県、京都府、大阪府、山口県
なお、大阪府議会は、検討委員会に参考人を参加させている。また、検討委員会は、公開で、傍聴を認め、記録の公開している議会（郡山市）あった。
②パブリックコメントした議会
千葉県、栃木県、大分県、福岡県、長崎県、東京都北区、伊予市、新潟市、青森市
なお、北区、伊予市は意見がなったのが残念でした。
しかし、パブリックコメント、検討委員会で検討した議会でも、結果的に参考条例を使用したのは、まだ議員の公金に対する意識が問われると感じた。

(3)　使途基準の項目に「要請陳情等活動費」を設けたにもかかわらず使用しない議会、また使用額の少ない議会は廃止すべき

平成25年度政務活動費の使途基準項目の要請陳情等活動費の使用状況							
議会名	要請使用額	会派数	使用会派数	交付額（月）			
新座市	0	5	0	2			
大泉町（群馬）	0	14	0	12,500			
陸前高田市	0	7	0	7,500			
滝沢市	0	9	0	15,000			
南相馬市	0	5	0	15,000			
常陸太田市	0	12	0	15,000			
結城市	0	9	0	10,000			
志木市	0	15	0	20,000			
白井市	0	20	0	30,000			
鴻巣市	0	10	0	17,500			
福生市	0	6	0	20,000			
秦野市	0	6	0	35,000			
佐久市	0	7	0	10,000			
須坂市	0	6	0	12,500			
中野市	0	20	0	8,000			
柏崎市	0	9	0	40,000			
瑞浪市	0	7	0	8,000			
見附市	0	6	0	50,000			
菊川市	0	4	0	8.333			
田原市	0	10	0	20,000			
岩倉市	0	5	0	15,000			
日進市	0	20	0	12,500			
米原市	0	5	0	10,000			
宍粟市	0	10	0	15,000			
三田市	0	7	0	60,000			
総社市	0	23	0	12,500			
竹原市	0	11	0	20,000			

坂出市	0	9	0	20,833			
大牟田市	0	7	0	75,000			
苫小牧市	50,280	8	1	60,000	緑風会	陳情旅費	
米沢市	12,280	24	1	23,000			
一関市	12,100	9	1	15,000	日本共産党		
本宮市	170,520	4	1	10,000	みらい創和会		
取手市	12,720	10	1	8,333	生活ネット	署名活動	
足利市	0	10	0	60,000			
伊勢崎市	0	7	0	35,000			
みどり市	7,320	16	2	10,000	個人	国会陳情	
甲府市	0	10	0	30,000			
本巣市	0	19	0	20,000			
南あわじ市	0	7	0	12,500			
岡谷市	16,377	7	1	9,000	創和会	交通費	
菊川市	0	4	0	8,333			
沼津市	136,444	7	1	40,000	日本共産党		
鈴鹿市	293,622	10	1	50,000	あくていぶ21	国交要請 旅費	
名張市	47,700	8	1	20,000	心風会	国道早期 改修、資 金保証	
豊田市	915,945	7	2	44,166	自民党公明党		
四日市市	165,440	7	1	70,000	政友		
明石市	219,600	8	1	80,000	政和会	国会陳情	成果 約5 億円 補助 金 0
山口市	73,380	7	1	30,000	日本共産党		
北九州市	1,650,170	10	2	350,000	自民党	1639170	
新宿区	20,450	7	1	150,000	自民党		
板橋区	91,350	14	1	180,000	自民党		
浜松市	768,882	6	5	150,000		共産以外	
神戸市会	320,310	14	2	380,000	自民党		

京都市会	610,000	7		会派１4+ 個人 40 万			
札幌市	889,890	8	2	400,000	自民党 (84 万中央要請行動)、日本共産党		
岩手県	823,414	29	21	310,000			
栃木県	41,320	7	2	300,000	みんな、公明		
茨城県	48,670	9	2	150,000	公明。自民		
宮城県	363,341	8	7	350,000	個人除く全て		
福島県	2,478,165	6	6	350,000			
静岡県	1,400,881	7	6	450,000			
徳島県（会派）	78,210	4	2	200,000			
（個人）	1,251,438	39	14				
福岡県	1,764,100	8	5	500,000			
鹿児島県	4,788,110	8	7	300,000			
三重県 (会派)	297,820	5	2	150,000	新政みえ、自民		
(個人）	416,830	50	14	180,000			
沖縄県（会派）	456,924	10	5	100,000			
（個人）	488,835	47	6	150,000			

参考資料

・政務活動費でどう変わったか　日経グローカル　25,5,6

・政務活動費の使途拡大条例化についての調査報告　25,8,28 オンブズ栃木　宮沢昭夫

ブログ

・政務活動費条例に関する調査 (改正過程の透明制度調査)25,9.7 全国市民オンブズマン連絡会議

・政務活動費の交付に関する条例の制定状況に関する調査結果について
寺田雅一　地方自治　25,9

第６章　政務活動費条例条項の規定の仕方

1　法改正の趣旨と条例化における規定の問題

今回の政務調査費に関する法改正は、①政務調査費を「政務活動費」に名称変更。②「調査研究」の後に「その他の活動」を加えた。③政務活動費に充てることができる経費について条例に定める。④議長は、政務活動費の透明性を確保する。⑤附帯決議「政務調査費制度の見直しについては、議員活動の活性化を図る為に、改正趣旨の周知徹底と併せ、使途の透明性の向上が図られるよう、特段の配慮を行うこと。などである。

これらを条例化する場合には、規定の仕方が大きな課題である。特に、これまで、政務調査費の使途基準は、多くの条例は規則にして別表にしていた。それが今回の法改正では、「政務活動費に充てることができる経費について条例に定める」と条例にて規定化しなければならない。

このことについて、国会審議でも次のように、答弁をしている。

「政務活動費の条例の規定で問題になるのは、「政務活動費に充てることができる経費の範囲」をどのように具体的に規定するかが課題である。特に条例の制定に関しては、 これまで政務調査費につきましては、条文上、交付目的は調査研究に資するものに限定されていたわけですが、今回の修正によりまして、今後は、議員の活動である限り、その他の活動にも使途を拡大し、具体的に充てることのできる経費については条例で定めるということとしたわけであります。これに伴って、名称につきましても政務活動費に変更することとしたわけでございます。

そして、政務活動費として具体的に充てることができる経費の範囲、これを条例で定めるというところが非常に重要なポイントでございまして、その条例の制定に関する議会の審議、その審議の過程に対する住民の監視等により、不適切な支出や無駄な支出は防止、是正することができるというふうに考えております。

また、さらに、政務活動費が調査研究以外の活動にも充てることができるようになることに伴いまして、その透明性の確保が従来にも増して重要になると考えられることから、現行の規定における議長に対する収入、支出の報告書の提出、これに加えて、政務活動費の使途の透明性の確保に努める義務を議長に課す規定を追加し、透明性をより一層確保することとしております。

以上のような観点から、修正案提案者としては、委員御指摘のような、政務活動費が地方議員の第二の給与になるのではないかといった懸念については、それは当たらないのではないかと考えているところでございます。」

特に法改正に伴う条例の規定をする場合は、法令の趣旨に反しないこと、もし条例が地方自治法第14条に規程に反した時は、その条例の規定は無効になることがある。

今回の法改正は、政務調査費の使い勝手ができるように、使用範囲を拡大しようとしたものである。その規定の一つが、「要請陳情等活動費」である。

その理由は、例え、条例の使途基準に該当していても、その条例の使途基準の「要請陳情等活動費」が地方自治法第14条に反した条例であるので無効である。

その理由（条例の使途基準の「要請陳情等活動費」地方自治法第14条の違法性については、下記のとおりである。

政務調査費から政務活動費にする改正案の眼目は、「自民党総務部会で二之湯智参議院議員が人件費や事務所費、後援会機関誌などにも充当可能になるのかを確認。また磯崎氏（衆議院議員総務委員会　改正提案者一人）は、法律上の制限はなく条例で定めてもらうのが修正案の眼目」と自民党総務部会で説明（自治日報24,6,15）しているように、議員の使い勝手ができやすいように議員活動にもできるようした。その結果、法令は、「調査研究その他の活動」とした。

しかし、衆議院総務委員会での総務大臣は、「議会の議員としての活動に含まない政党活動、選挙活動、後援会活動それから私人としての活動のための経費などは条例によっても対象にすることができない。従って、どのような経費の範囲を条例で定めるかにつきましては、これは議会において適切に御判断をしていくべきものであると考えております。」と答弁している。

このような問題があることから、要請あるいは陳情活動等を条例に規定することに対しては、例えば栃木県内の議会で見た場合、

①名称変更のみで現状の移行した議会、宇都宮、佐野、栃木、鹿沼、小山、矢板、那須塩原

②参考条例に使用した議会、栃木県議会、足利がある。

更に、条例化している議会でも、実際に「要請陳情等活動費」を使用しているのは少ない。栃木県議会でも、６会派のうち２会派、最大会派の栃木自民党議員会は、使用していない。

特に、「要請陳情等活動費」を条例に規定する場合は、「調査研究その他の活動」につて、検討されなければならない。

「調査研究その他の活動」とは、法令の用語等によれば、「その他の」は，前におかれた名詞又は名詞句が、その後に続く意味内容の広い言葉の一部をなすものとして、その言葉のなかに包含される場合に用いる。とある。この法令用語からして、議員活動の全てを意味するもでないと解釈している。

「その他の活動」となっても、政務調査費と政務活動費の法的本質は変わらない。

廣地毅氏は、「「その他の活動」とは、「調査研究」とどのような関係に立つのか一義的には明らかでない。しかし、政務活動費も自治体からの贈与である、この贈与は必ず社会・現実的対価関係を求める性格のものであることを考慮すれば、政務調査費が政務活動費になっても、その法的本質は大きく変化しないと考えるべきである」（「政務活動費の法的性質に関する一考察」自治

研究　2013年4・5月号）と述べている。

また田口一博さんも使途基準拡大について、「まず、検討すべきは交付対象をどこまで拡大するか、もっとも大都市や都道府県でならともかく、市町村ではもともと額が少ないので、拡大しようもないところが多いのも事実、法律のお約束としては「調査研究その他の活動」と言えば、政務調査と全く無関係な使途は想定外」（「政務調査費から政務活動費へ」（田口一博・現代行政研究室第29号（2012,9,5））と述べている。議員活動の使用にも限度がある。

この答弁のとおり、条例で規定した場合、問題はないのか

この点について、廣地毅氏は、今後の政務活動費の運用に関しての支出の適法性については、「「調査研究」に該当するか否かでなく、各地方公共団体の条例の規定に照らし、その適法性が判断されることになるものと考えられる」「政務調査費と政務活動費は、法的本質においては変化していないのであるから、政務活動費と名称を改めても、社会・現実的な対価価値に立てないところに支出できないものである」。そして、その「使途が自治体に還元（フィードバック）されるものが推測できるか否か」であるとも述べている。従って、政務活動費になったからと、使途基準を改正する必要ない。

現行の政務調査費の条例でも、例えば、富士見市議会政務調査費の交付に関する条例の第2条のように「政務調査費は、市政に関する調査研究その他の議会活動」と規定している。また、多くの議会では、調査研究活動としているのが見られる。

更に、「議員としての補助金の要請あるいは陳情活動等のための旅費、交通費、会派単位の会議に要する経費」は、政治活動である。

以上、栃木県政務活動費の交付に関する条例は、地方自治法第14条に反した条例で無効である。（住民監査請求書提出、却下（27,5,8））

２　条例化する場合に使途基準項目の「政務活動費を充てることができる経費の範囲」

(1)　全国都道府県議会議長会の参考条例が規定する政務活動費を充てることができる経費の範囲 (全国町村議会議長会の案も同じ)

第６条　政務活動費は、会派が行う調査研究、研修、広報、広聴、住民相談、要請、陳情、各種会議への参加等市（区）政の課題及び市（区）民の意思を把握し、市（区）政に反映させる活動その他住民福祉の増進を図るために必要な活動（次項では「政務活動」という。）に要する経費に対して交付する。

２　政務活動費は、別表で定める政務活動に要する経費に充てることができものとする。

［検討－１］　このように規定することはどうか。

①この規定にある「住民相談、要請、陳情、各種会議への参加等市（区）政の課題」は新たに追加されたものである。そして、政務活動費の定義についての法令上の規定がないのに条例で勝手に規定している。この住民相談、要請、陳情は、政治活動であり、住民の代表しての議員の当然の義務である。これには議員報酬が支給されている。又、会派の会議等は、議会活動で対象に議員報酬で対応されるものである。ここに使途の拡大の裏付けを設けている。

②更に第２項の別表で定める政務活動に要する経費の項目に、「要請・陳情活動」、「会議費」を設けている。

③第２項の別表で定める政務活動に要する経費の内容には、「会派が行う活動」として、従来の調査研究が除いている。

このことは、政務活動費の交付条件が「調査研究その他の活動に資する」

なのに、調査研究を入れないで「活動」だけを条例に規定している。

このことにより、政務活動費は、政党活動、選挙活動、後援会活動それから私人としての活動のための経費など以外は、ほとんどを使用対象にしてしまうことになる。

特に、「住民相談、要請、陳情、各種会議への参加等」については、政務活動費の問題点でも指摘したように、議員活動のなかの政治活動である。この活動には、法令の「調査研究その他の活動」とあるのに、「調査研究」が入っていない。

(2) 政務活動費を充てることのできる経費の範囲を定義しない議会

群馬県議会 第８条（使途基準） 会派は、会派又は議員が実施する県政の課題及び県民の意思を把握し、県政に反映させる活動その他の住民福祉の増進を図るために必要な活動（別表において「政務活動」という。）に要する経費として、政務活動費を別表に定める使途基準に従い使用しなければならない。

別表（使途基準）の項目は、政策調査研究･政策立案活動費（調査研究費、会議費）、広聴・広報活動費（広聴費、広報費、県政報告等活動費）、活動費補助費（人件費、事務費･事務所費、資料購入･作成費、交通費）などである。

鳥取県議会 第４条（政務活動費の使途等） 議員は、政務活動費を、県政に関する調査研究その他議会の審議能力の強化に資するため必要な経費であって、別表に定めるものに充てなければならない。

別表（使途基準）の項目は、調査研究費、研修費、会議費、資料作成費、資料購入費、広報費、事務所費、事務費・人件費などである。

目黒区議会 第 11 条 政務活動費の交付を受けた会派又は議員は、当該政務活動費を別表に定める政務活動に要する経費の範囲内で使用しなければならない。

富士宮市議会 第５条 政務活動費は、別表の定める政務活動に要する経費に充てることができるものとする。

横浜市議会　政務活動費を充てることができる経費の範囲については、定義をしないで、別表のとおりする。

なお、2項で、政党活動、選挙活動、後援会活動又は私人としての活動に要する経費に充てることができない。

3項　前項の規定に従って適正に使用しなければならない。

※この2，3項の規定を設けない議会が多い。しかし、規定すべきである。

京都府議会　政務活動費を充てることができる経費の範囲は、次に掲げる活動の経費

1) 府の政策形成に関わる調査研究、企画、立案等に関する活動

2) 府の政策形成に必要な意向調査、府民との意見交換、住民相談等の広聴に関わる活動

3) 議案や府の事務に関する議会の審議に向けた調査等の活動

4) 会派の所属議員の意見集約等の会派としての意思形成に関する活動

5) 府の政策実現のための関係機関に対する要請、陳情等の活動

6) 府の事務執行の過程における効率性等の観点からの監視、提案等に関する活動

7) 府の事務執行の結果に対する目的達成度等の観点からの評価、提案等に関する活動

8) 議会の会派及び議員の活動並びに府政に関する政策等の広報に関する活動

9) 前各号に掲げるもののほか、府政の課題及び府民の意思を把握市、府政に反映させる活動、その他の府民福祉の増進を図るために必要な活動であって、議長が必要と認めるもの

これは、具体的で解りやすいので、大変よいと思うものである。

3　使途基準（項目）

(1)　参考条例の使途基準項目（要請・陳情等活動費、会議費）を入れていない議会

（要請・陳情等活動費、会議費）を入れていない理由は、都内の議会で、国会に近いので必要ない。

(2)　改正条例の使途基準について（都道府県、政令市、中核市）

全国市民オンブズ連絡協議会調査では、①名称変更のみで今後議論が４議会、②以前より拡大していないが 12 議会、③議長会案より拡大しないが７議である。

(3)　その他の議会

富士宮市議会　資料作成費　資料購入費　会議費、事務費、調査旅費、其の他の経費

町田市議会　政務活動費に充てることができる経費、市政に関する調査活動、広聴広報活動に要する経費」別表は規則に

4　領収書等添付

仙台市議会「第 10 条７　第三項、第五項又は前項の規定により提出する収支報告書には、当該収支報告書に記載された政務活動費による支出に係る領収書その他の支出を証すべき書面の写し（次項において「領収書等の写し」という。）及び政務活動の概要を記載した政務活動報告書を添付しなければならない」。

広報費などで、活動報告書の印刷、配布 (郵送) をしている場合には、領収書の他に成果物として活動報告書を添付すべきである。調査委託の場合でも同様に裏づけとなる関係書類を添付づける。

これらについて**兵庫県議会**は、「政務活動費による支出に係る領収書その

他の証拠書類並びに収入および支出に係る会計帳簿の写しを添付しなければならない」（第９条３）としている。

５　政務活動費の返還

徳島市議会　特に返還をしない場合は、「当該期間末日の翌日から納付の日のまでの日数に応じ、その未納付額につき年 10.95 パーセントの割合で計算した延滞金を県に納付しなければならない」（県議会）。

それに辞職、失職した場合には「第 13 条（選挙犯罪による当選無効により失職した者の特例）　公職選挙法第 251 条の規定によりその当選を無効とされた者が、当該当選を無効とされた選挙により選出された議員の任期中に政務活動費の交付を受けていた場合は、市長は、当該交付をした政務活動費の全額について交付決定を取り消し、その返還を命じなければならない。」

東村山市議会　「２　政務活動費を第５条の使途基準以外に支出した場合該当支出額」

６　議長の調査権、是正命令権

参考条例

「議長は第７条第１項の規定により提出された収支報告書について、必要に応じて調査を行う等、政務活動費の適正な運用を期するとともに、使途の透明性の確保に努めるものとする」

これを「議長は政務調査費の適正な運用を期するとともに、使途の透明性の確保適正な運用を期するとともに、使途の透明性の確保をするために、7 条第 1 項の規定により提出された収支報告書及び関係書類の調査を行い、適正な運用と努める。」

特に、附帯決議があるように使途の透明性の向上が図られるよう、特段の配慮を行うこと。などである。

特に、「参考条例の「議長は必要に応じて調査を行う等」でなく、より実行力を確保にするために、次のように規定をするべきである。

庄原市議会　規則で議長の監査を規定している。「第5条2項　議長は、前項の収支報告書が提出されたときは、これを監査し、適当と認めたときは当該収支報告書の写しを市長に送付するものとする。」

目黒区議会　第13条　議長は、政務活動費の適正な運用を期すため、前条の規定により報告書が提出されたときは、調査を行わなければならない。

2　議長は、前項の調査の結果を議会に報告するものとする。

3　議長は、第1項の調査の結果、第11条に規定する経費の範囲外の支出があると認めるときは、その旨を区長に報告するものとする。

大津市議会　「議長に是正命令等」を付与している。「第7条　議長は、必要に応じ、会派に対し、政務活動費の支出の状況について説明又は書類等の提出を求めることができる。

2　議長は、政務活動費の交付を受けた会派が、前2条の規定に違反していると認めたときは、当該会派に対し、期限を定めて、その違反を是正するために必要な措置を取ることを命ずることができる。（別に「政務活動費に関する議長の是正命令権」を規定している）

鳥取県議会　「第6条（収支報告書の調査）議長は政務活動費の適正な執行を図るため、前条第1項の規定により提出された収支報告書の内容について必要な調査を事務局長に行わせるものとする。」

吹田市議会　規則　第7条（収支報告書等検査）議長は、収支報告書等の検査を行う。

東松市議会　第9条　議長が収支報告書を審査し、その写しを市長に送る。

東郷町議会（愛知県）「第11条（議長の調査権）「必要な調査を行い」「2項　代表監査委員及び議長が選任した議員の意見を聴く。」更に、第12条で議長の権限をもうけている。

※しかし、東郷町議会では、議長に調査権と返還勧告・命令権があっても、政務調査費返還勧告に抗した議員がいたので、議会として平成26年3

月 24 日本会議で「政務調査費返還勧告を拒否した件で「監査請求に関する決議」可決した。

その結果、問題の使用した金額は返還した。特に、収支報告書に交付額以上の支出を記載したので問題化したものである。特に、収支報告書に交付額以上の支出を記載することは、問題が起きやすい。ある議会において住民監査請求された議員が、指摘された目的外支出は、交付額以上の支出したものでるからとして、訂正して対応したことがあつた。東郷町議会の件は、これと同じで、違法とされた金額を返還して処理した。

監査結果により返還を勧告されても返還しない事例がある。

前橋市議会のある会派は、返還しないので市長から提訴された。その控訴審判決は平成 26 年 7 月 2 日 99 万円 7000 円の返還命令の判決・確定した。

議長の調査権をもうけても、「議長は、政務調査費の適正な運用を期するため、収支報告書及び領収書等の写しが提出されたときは、必要に応じて行うとされているが、その具体的に取ることができる調査の方法は、本件条例及び規程において定められていない。

以上のことから、議長は，透明の確保のため必要に応じて調査を行う規定は、改正する必要がある。

7　市長の調査権・返還請求権

東村山市議会　第 9 条（政務活動費の使途に関する報告）　市長は、必要と認めたときは、交付会派の代表者及び経理責任者に政務活動費の使途に関し報告を求めることができる。

大和市議会　第 7 条（支出状況の調査）　市長は、必要と認める場合には、交付した政務活動費の支出の状況につて調査することができる。

判例でも 「市長に対しては「公金を監理する者として支出の適正さを調査しても、議員や議会の自立性を侵害するとは言えず，不適正な支出に返還請求しないのは違法な怠慢である（仙台高裁　182 万円返還　上告棄却確定（19,11,20)」としている。

函館市議会　政務活動費に返還の規定で、「第２項　市長は、政務活動費の交付を受けた会派が当該政務活動費を別表で定める政務活動に要する経費以外の経費に充てたと認めるときは、当該支出した額に相当する額の政務活動費の返還を命ずることができる。」と規定している。

飯田市議会　「市長は、第 11 条～第 4 条の規定に照らし適当であるか審査し、当該年度における政務活動費の使途として適当と認める額決定する。」

8　政務活動費使用に対する第３者審査機関の規定

議長の調査でなく、より公平性を観点から、政務活動費使用に対して第三者の審査機関の規定をしている議会は下記のとおり。

(1)　都道府県議会

北海道議会　「第 19 条（議長の調査）２項　前項の調査の遂行を補佐させるため、議長が指名する３人以内の学識経験を有する者をもって、構成する北海道議会政務活動費調査等協議会を置く。」

東京都議会　「第10条の２　議長は、前条第３項に規定する調査等に関し、専門的見地からの意見を聴くため、議長が指名する３人以内の学識経験を有する者をもって、構成する東京都議会政務活動費調査等協議会を置く。」

大阪府議会　「条例第 13 条２項　議長は、前項の調査を行うときは、学識経験を有する者当該学識経験者（２名）及び議長が選任する議員（６名）をもって構成する大阪府政務活動費検査等協議会の意見を聴くものとする。」
通年は年２回の検査を実施 (19,3,1)

・福岡県議会　　客観的視点の導入、政務活動費のより適切な執行と使途の透明性を確保するために、専門家による客観的視点の導入を目的とした措置を講ずる」（25 年度オンブズ調査）として、公認会計士と弁護士を政務活動費事前確認専門委員に委嘱し、政務活動費として充当する経費について条例の規定に適合するかどうかを確認してもらっている。」

兵庫県議会　「条例第 12 条　政務活動費の適正な使用に関する事項を調査審議するため、議会に兵庫県議会政務活動費調査等協議会を置く。」

(2)　政令市

さいたま市議会　07,4,1 から第３者検査機関設置

川崎市議会　「政務活動費に精通した弁護士と業務委託契約を結び、支出することに疑義がある案件について、支出の課費等についてアドバイスを受ける」（25 年度オンブズ調査）

大阪市議会　「専門委員（弁護士・公認会計士）により指導・助言を受けている」（25 年度オンブズ調査）「大阪市政務活動費専門委員設置要綱」（23,4,1）

広島市議会　「領収書を事前に審査する第３者機関の設置を申し合わせた」(20,1,31)。「政務活動費の支出に当たって法律的判断の必要性が生じた場合に、弁護士に法律相談を行っている。」（26 年度オンブズ調査）

熊本市議会　「施行規程第４条（議長の調査）、第４条の２　議長は、前条に規定する調査に関し、学識経験を有する者のうちから熊本市議会政務活動費調査員を指名して、専門的見地からの意見を聴くことができる。」

(3)　市議会

北上市議会　議会基本条例に「第 15 条２　政務活動費の適正な執行を図るため、<u>議会内において政務活動費の使途及び収支について検討する</u>とともに、市民に対して活動報告書、収支報告書及び領収書を公開するものとする。」

政務活動費の条例では「第 14 条（透明性の確保）　議長は提出された収支報告書について必要に応じて調査を行うなど、政務活動費の適正な運用と透明性の確保に努めなければならない。」

東松島市議会　「第９条　議長が収支報告書を審査し、その写しを市長に送付」

郡山市議会　「条例第12条（市長の審査）　市長は、活動費の適正な運用を期するため、第10条　第3項の規定により報告書等が送付されたときは、これを審査するものとする。」(20)

水戸市議会　「第14条　議長は、政務活動費の支出に関する事項を審査するため、水戸市議会政務活動支出等審査会を置くことができる。」(19,3,28)

飯能市議会　議会の任意の組織「政務活動費審査会」を設置（政務活動費運用指針にて）

千代田区議会　千代田区議会政務活動費交付額等審査会に関する規程を設け、交付額、使用について審査会を開催し、答申している。(14,1,30～)

大田区議会　「条例第14条　議長は、前条に規定する調査等に関し、専門的見地から意見を聴くため、大田区議会政務活動費審査会を置く」(22,4,1)

目黒区議会　「条例第13条　議長は、政務活動費の適正な運用を期するため、前条（収支報告書）の規定により報告書が提出されたときは、調査を行わねばならない。」(18,19,25)

久喜市議会　議会内に「政務活動費審査会」の設置、4半期ごとに提出される支出報告書を審査する。

※久喜市議会基本条例第19条に政務調査費の監査をすることを定めている。更に第20条に政務調査費に内部審査として、「議会は、政務調査費の公正を確保するため、議会に久喜市議会政務調査費審査委員会を設置する。」と規定している。(21,9,11) 合併により失効する。

村上市議会　「村上市議会政務活動費審査要綱」を制定（25,5,13）

三豊市議会　議員でつくる「政務活動費審査会」(21,9,25)

鳴門市議会　政務調査費使途基準詳細規程第24条議会運営委員会は、使途基準の調査を実施する調査機関とする (20)

長崎市議会　「平成25年度分から、議長に提出された収支報告書等について、第3者機関によりその適正支出の審査を行う」（25年度オンブズ調査）

安芸市議会　「議長が収支報告書について必要に応じて調査を行うなど透明性の確保に関する規定を設けたことに伴い、政務調査費の審査会を廃止」

している。審査会廃止残念。

これら政務活動費の第三者審査機関に関する要綱は、条例の一部規定しているのが多い。よりよい審査のために、千代田区議会政務活動費交付額等審査会に関する規程を設けているのは、「村上市議会政務活動費審査要綱」がある。条例に政務活動費の第三者審査機関」規定をして、その上で審査会規程、または要綱を設けるべきである。

※参考に村上市議会政務活動費審査要綱を掲載する。

村上市議会政務活動費審査要綱

平成25年５月13日制定

（趣旨）

第１条　この要綱は、村上市議会政務活動費の交付に関する条例（以下「条例」という

平成20年条例第６号）第10条の規定に基づき議長が行う政務活動費の適正な運用及び政務活動費の使途の透明性を確保するための行為（以下「政務活動費の審査」という。）について、必要な事項を定めるものとする。

（目的）

第２条　政務活動費の審査は、条例で定める会派及び議員の政務活動費の収支報告書について、必要に応じて調査を行う等、政務活動費の適正な運用を期すとともに、使途の透明性の確保に努め、もって、会派及び議員の行う調査研究その他の活動の効果的な執行を確保するとともに、会計処理の適正な執行に資することを目的とする。

（審査員）

第３条　政務活動費の審査は、議会運営委員会委員長及び副委員長並

びに総務文教常任委員会委員長及　び副委員長をもって充てる審査員（以下「審査員」という。）によって審査する。

2　前項の審査員は、議長と緊密な連携を図り、的確かつ効率的な政務活動　費 4）審査の実施に努めなければならない。

（審査員の任期）

第４条　審査員の任期は、議会運営委員会委員及び総務文教常任委員会委員の任期とする。

（審査の統括）

第５条　政務活動費の審査は、議長の指示により、議会運営委員会委員長が統括して実施すものとする。

（審査の内容）

第６条　政務活動費の審査は、次に掲げる事項について審査する。

（1）会派に交付された政務活動費に関する事項

（2）議員に交付された政務活動費に関する事項

（3）その他審査員が必要と認める事項

（審査の方法）

第７条　政務活動費の審査の方法は、書面審査によって行うものとする。

2　書面審査は、前条第１項第１号及び第２号に規定する政務活動費に関す　る会計諸帳票類、その他の書類に基づいて実施する。

3　議長又は審査員が必要と認めたときは、会派の長及び会派の経理責任者、若しくは議員を招集し、当該政務活動費の収支報告又は使途等について説明を求めることができる。

（審査の時期）

第８条　政務活動費の審査は、毎年５月に実施することとする。

2　前項に規定する政務活動費の審査のほか、議長が必要と認めたときは、随時に政務活動費の審査を行うことができるものとする。

（審査の通知）

第9条　政務活動費の審査に当たっては、あらかじめ審査の対象となる会派の長及び会派の経理責任者、若しくは議員に対し、政務活動費の審査の日程等必要な事項を文書により通知しなければならない。

（他の審査等との調整）

第10条、政務活動費の審査の実施に当たっては、必要に応じてその他の審査機関との調整を行うものとする。

（審査員の遵守義務）

第11条　審査員は、事実に基づき公正公平に政務活動費の審査を実施しなければならない。

（会派及び議員の遵守義務）

第12条　会派の長及び会派の経理責任者、若しくは議員は、審査員が行う政務活動費の審査に協力しなければならない。

2　会派の長及び会派の経理責任者、若しくは議員は、審査員の求めに対し、正当な理由なくこれを拒否することはできない。

（審査報告）

第13条　審査員は、政務活動費の審査を実施したときは審査報告書を作成し、議長に提出しなければならない。

2　審査報告書には、政務活動費の審査を行った会派、若しくは議員名、審査実施日程、審査の結果と意見等を記載しなければならない。

（改善の要求）

第14条　議長は、前条の審査報告の結果、改善を要する事項を認めたときは、直ちに改善の要求をするものとする。

（改善要求等に対する対応）

第15条　前条の改善の要求を受けた会派又は議員は、直ちに改善を図り、その内容を議長に報告するものとする。

2　議長は、前項の報告があった場合は、その内容の確認を行うものとする。

（審査結果の公表）

第16条　議長は、この要綱による政務活動費の審査の状況を取りまとめ、これを公表するものとする。

2　前項の公表は、議会ホームページに掲載して公表するものとする。

（審査書類の保存）

第17条　政務活動費の審査に当たって作成した資料等の関係書類は、議長において審査報告書を提出した日から起算して5年を経過する日まで保存しなければならない。

（補則）.

第18条　この要綱に定めのない事項は、議長が別に定める。

附　則

この要綱は、平成25年5月13日から施行する。

9　第3者機関の検査、指導、助言等に留意事項

(1)　広島市議会のような、「法律的判断の必要性が生じた場合に、弁護士に法律相談」は、議会の意向による判断になるおそれから、検査を受け、その結果に従うと規定するべきである。指導、助言等はないよいが、それに議会は。従う義務がないので是正ないことがある。現実に東京都千代田区議会では、「千代田区議会政務活動費交付額等審査会」で、飲食費5,000円の問題が改善されていない。また大学院の授業料は半額と意見しても、全額支出しているものがあるなど。

(2)　第3者機関の検査、指導、助言等が形式的になるおそれを少なくす

ること。

以上ことから、第３者機関の検査、指導、助言等の規定を設けたときは、その第３者機関の検査、指導、助言等に従って、是正、改正をする規定を設けるべきである。

10　政務活動費の交付額について規定

政務調査費の条例制定に際して、自治省行政課長通知は、「交付額は特別職報酬等審議会などの意見を聞く」よう通知している。しかし、それらが、条例の中に規定されていないのが大半である。

これを条例に規定したのが、千代田区議会、焼津市議会「第11条に市長の諮問に応じ、政務活動費の額等についての審議会」がある。

11　特別条項

譲渡等の禁止

徳島市議会「第12条　政務活動費の交付を受ける権利は，これを譲渡し、又は担保に供することができない。」を設けている。

収支報告書記載制限

政務調査費の住民監査請求をされた議員（杉並区議）が、収支報告書に交付額を超えた支出額を記載していたので、指摘された目的外支出額をなくするため、収支報告書の訂正届けをして、監査対象から除外して、監査は棄却をしたものがある。

これに類似したもので、政務調査費の住民監査請求をされた目的外支出額を収支報告書の訂正届け、認めて監査対象から除外して、住民監査請求を棄却にしている議員又監査委員が見られる。（2012年度福井県議会政務調査費住民監査請求監査結果26,2,7）

このような姑息な不正行為をなく為に、収支報告書には交付額以上の金額を記載しない規定を設けるべきである。

中間検査

宮崎市議会　「要綱第 10 条　事務局は、政務活動費の使途に関し適正な運用を期するため中間検査を実施するものとする。」

政務活動費のマニュアル・要綱・指針等

条例の中に、支出に際して順守する規定を設けるべきである。そうでないと、裁判になった場合、これらは任意の規定だから、適正であるという判決になるおそれがある。

12　政務活動費の不正使用が故意・悪質の場合に対する措置

不正使用が故意・悪質の場合に対する措置として条例に罰則規定を設け、それを適用する。政務活動費は、公金であり、補助金であるから、不正使用した場合は、その補助金の返還と罰則を科することができるので、その規定を設ける。

京丹後市議会が政務調査費の交付につての市民意見を求めたとき、透明性の確保について、市民から「報告の義務とともに、不正使用があった場合は、何らかのペナルティーを課してもよいかと思います。費用の返還とともに、構成員全員に「課徴金＝懲罰金」を課するべきではないか」との意見があり、これに対して、議会は「罰則については、他制度との均衡もあり、本制度のみ罰則強化することは不適当と考えています。」と答弁している。

特に補助金のである政務活動費は、罰則規定を設けるべきである。そうでないと、裁判で、「市長 (被告) は、議員に対して、政務活動費の違法な使用額を請求せよ」と判決された場合、当該議員又は会派に返還するよう請求しても返還されない場合があり、やむなく市長は返還の訴訟提起することになる（和歌山県議会事件）。また監査委員の指摘に対しても、会派は納得せず、裁判にてやっと返還する事態の前橋市議会事件がある。

13　これからの政務活動費のあり方

①政務活動費は、会派または議員の調査研究に資するために必要な経費の一部として税金（公金）を使用するものであることを再認識すること。

議員活動の補助金であるというあやまった認識を持たないこと。

②公金の使用であるから、使用した事項には、説明責任を持つこと。領収書、報告書、使用明細書（金銭出納簿）

③政務活動費の使用項目の整理化を

政務活動費の支給額が少ない議会の使途基準項目を限定。

例　研究研修費、調査旅費、資料購入費

④視察で政務活動費を大半使用しない。

⑤員研修条例と連動した有効活用化を図ること。

⑥政務活動費の透明性確保と公開を条例に規定化。

(1)　領収書等添付化

領収書

岡山県議会の１万円以上の添付以外は、１円から添付している。領収書には、購入した品名の記入を義務付ける。裏付けない領収書は認めないようにすること。

調査報告書、契約書（契約の基づいた成果物）、広報紙の現物、ＨＰの内容などの添付義務付ける。この種のものは、都道府県議会の一部に添付しないのが見られる。

(2)　政務活動費の公開

・政務活動費の領収書は、会派が保管しているのは公開の対象でない。

最高裁判決［民訴法に定める「専ら文書の所持者の利用に供するための

文書」であり、外部の者に開示することが予定されていない文書である]
(17,11,10)

・政務活動費の透明性の確保と首長・議長の政務活動費監視の義務

・名古屋地裁判決 (15,1,31), 青森地裁判決 ((19,5,25)

「議員や会派が積極的な立証活動を行なわない場合は、金額や使途等から見て資料提出や補足説明をするまでもなく、政務活動費であろうと社会通念上推認されるような支出（相当な電話料金、文具代金、郵便代等）を除き、これを正当な政務活動費の支出と認めることができない。」

しかし、政務活動費の使用に対しての住民監査請求、住民訴訟の激増と政務活動費使用の透明性の確保を求める動きにより、政務活動費の公開がされている。

14　参考事例（ブログ）

2014年3月30日（日）

・政務調査費の使途や収支報告は適正か？――東郷町議会で「監査請求に関する決議」が可決

24日の本会議で、2012年度の加藤宏明議員（自民系）の政務調査費（当時、2013年度からは政務活動費）について、町監査委員に監査を求める決議が全員一致で可決されました。（当事者の加藤議員は採決に加わりません）決議は「加藤宏明議員に交付された政務調査費に関する会計帳簿類が正確であるかは疑わしい」とし、「監査し明確にされるよう求め」ています。

本会議休憩中に開かれた議会全体会議で、加藤議員が使った政務調査費の領収書の内容に疑義があることを議長が明らかにしました。政務調査費での購入が不適切な書籍（ハウツー本とか）について議長が返金勧告したのに加藤議員が応じない上、領収書と書籍の値段との整合性がなく、12年度が終わってから1年近く経過しているにも関わらず政務調査費の収支報告書が公開できない状態に陥っています。一方、加藤議員は「議長からの返金勧告は聞いていない」と議長とは異なる主張をし「もし議長が言っている通りなら議員辞職（！）する」とまで言い切りました。

私は議会内部での調査では限界があると思い、監査請求を提案しました。それを受け、本会議に「監査請求に関する決議案」（提出者は菱川議員、賛成者は川口議員、いずれも自民系）が提出され、可決されました。

決議は4月30日までに監査結果を議会に報告するよう監査委員に求めています。

・東郷町議会で政務調査費が導入された初年度にその内容が問われる事態に

東郷町議会では2012年度に初めて政務調査費（13年度からは政務活動費）が導入され、議員が自分の活動に年額12万円まで使えるようになりました。政務調査費をめぐっては、名古屋市会や愛知県議会などでの不適切な使用や、領収書の偽造などが問題になり、議員辞職にまで至った事例もあります。折から、住民から厳しい目が注がれていた政務調査費を東郷町議会でも導入するに当たっては、その透明性を確保するために慎重に議論が重ねられてきました。そのために、政務調査費の収支報告書には領収書を1円単位で添付することは当然として、議会の自浄能力を発揮するために、議長による調査がなされ、もし不適切だと思われる使途があれば返金勧告などをすることが条例で定められています。加藤議員の他の議員にも「返金勧告」がなされ、返金されました。しかし加藤議員はなぜか勧告に応じず、議長によれば、その後も領収書の内容の訂正を議長に申し出、その内容も支出金額と整合が取れないもので、そのためこれまで議長による調査が重ねられてきましたが、解決に至っていません。

政務調査費が東郷町の公金である以上、一刻も早い解決が必要です。

議長がこの事態を明らかにした会議の席上でも、加藤議員は自らの責任に言及せず、他の議員は応じた返金勧告に「聞いていない」とまで断言しました。私は、議会内部での調査には限界があり、監査委員に判断をゆだねることが適切だと考えます。

第７章　政務活動費の使途基準・マニュアル（手引き）の問題点と改善

1　政務活動費マニュアルも条例に規定化する

条例に規定されている政務活動費の使途基準だけでは、適正な運用がされにくいことから、政務活動費の適正かつ厳格な運用を図るために、政務活動費の運用のための「政務活動費運用マニュアル・手引き・指針」等を作成している。

その形式の概要は、次のとおりである。①政務活動費の概要、②政務活動費の使途基準（基本的な考え方　執行原則・不適切な経費の事例など）、③使途基準（項目別の運用指針（研究研修費・調査旅費等）、④会計処理（会計帳簿・収集報告書・証拠書類（領収書など））、その他（条例、規則、判例、様式など）がある。

政務活動費の違法の認定は、法令及び条例の規定に適合しているか、不適合かで判断される。特に、使途基準・政務活動費マニュアル等は「政務調査費の使途基準」（内規）は、使途基準適合性の判断の一事情として顧慮することはできるとしても、内規は法令ではないのであるから、本件条例や規則の趣旨に適合しないと認められる部分について、裁判所が内規の定めと異なる判断をすることが許されるのは当然というべきである。（金沢地裁判決(26,3,31)（石川県津幡町議会））

また、使途基準の条項に「この他別に定める「政務活動費マニュアル」」による。（長野地裁判決（19,10,12））～マニュアルで定められた指針を軽視すべきでないが、 マニュアルに反して政務活動費が充当されてもそれが直ちに違法となるものでない。

しかし、仙台高裁判決（23,9,30）マニュアルに反した支出であることは、当該支出が調査研究のための必要性に欠けるものであったことをうかがわせる事情というべきであるから、そのような場合には、特段の事情のない限り、当該支出は本件使途基準に合致しない違法なものと判断するのが相当というべきである」という判決もある。

ことから、条例の使途基準の条項に「この他別に定める「政務活動費マニュアル」」によるとすべきである。

2　政務活動費の使途基準運用について

(1)　政務活動費執行の原則

①市政に関する調査研究を目的であること。

②調査研究の必要性があること。

③政務活動費に要した金額や態様等に妥当性があること。

④適正手続きがなされていること。

⑤支出についての説明ができるように書類等が整備されていること

（※政務活動の成果物等客観的に証明できるものがあること）

⑥議会としてのコンプライアンスプログラム（調査、勧告、命令）（大津市議会）

明石市議会は、議長の監査を行っている。（4月分から12月分まで政務活動費の執行状況など挙げている。）

(2)　実費弁償の原則

調査研究其の他の活動に要した費用は，実費に充当する。特に旅費（交通費）においては、定額制でなく実費を原則とするべきである。

(3) 按分について

調査研究その他の活動を行うなかで、議会活動、後援会活動、政党活動（政治活動を含む）、選挙活動等と重複している場合がある。それを政務活動を明確に区分することが難しい場合に按分の方法が取られることがある。広報紙の発行・配布の費用について、裁判においては按分の考えが取られている。

しかし、按分率について見解は、裁判によってもさまざまであることから、按分の伴う経費は計上しない議会（庄原市議会）もある。

宇都宮市議会は広報費について認めない。また尼崎市議会は、事務所費、ガソリン代等について認めない。按分を認める場合には、総支出に対する政務活動費の経費の割合が２分１以上の場合は認めない。主な使用目的が政務活動でないから。また備品等の場合は、政務調査費の充当及び残存期間分の精算（西宮市議会）をもけるべきである。また年度末、任期満了前３ヵ月の備品、特別の事情がない限りは認めるべきない。（つくば市議会の判決）

(4) 政務活動費として支出できない経費

① 政党・政治活動に係わる経費、② 選挙活動に係わる経費、③ 後援会活動に係わる経費、④ 私的活動に係わる経費、⑤ 慶弔、見舞い、餞別等の交際費的経費、⑥ 飲食に要する経費、⑦その他、政務調査のための調査研究活動に直接必要としない経費を規定しているなどある。これに議会公務に伴う経費（島根県議会）、高額耐久物品（西宮市議会）

この支出できない経費で問題になるのは、議員としての一般的活動（会派の会費、議員親睦会の会費、各議連の会費（女性議員の会、若手議員の会費）等がある。これらは支出できない経費とすべきである。

次に、私的活動に係わる経費で個人的な使途に当てる経費、小説、雑誌等で、政務活動費に直接関連しない書籍・雑誌等がある。これらは資料購入費でも問題になるもので、資料購入費の際のべる。

⑥の 飲食に要する経費について、飲食を伴う会合で社会通念上１回 5,000

円以内はよいという意見があるが、公職選挙法及び飲食を伴う会合で住民の意見を聞くのは政治活動である。それを住民の声を聞くということで政務活動費を使用するのは認めるべきでない。

その他、年会費（その活動方針、組織、会計、活動実績等は明確であり、政務調査活動としての成果が認められるものは除く）、他の議員の後援会や祝賀会に出席する会費、換金性のあるもの（定期券、プリペイドカード、図書券、ビール券、商品券、タクシークーポン券等）の購入、レクリエーション経費など。

特に、要望･要請活動（議員として市政の実現に向けての関係官庁に要望･要請活動）、この事項については、国会答弁にはあるが、政治活動であるから、「議員の調査研究その他の活動」に該当しないので、政務活動費の使途基準項目から除外すべきである。

なお、鳥取県監査（25,8,16）は、下記の支出基準は認められないとしているので参考に掲載する。

①違い年度にした支出（年度をまたたぐものなど）。

②領収書のないもの（支出した実費が客観的に確認できないもの）。

③違法な支出（違法性が疑われる支出を含む）。

④領収書の日付がないもの。

⑤国外調査並びに県外調査についての「政務調査活動報告書」が欠落しているもの。

⑥議員本人、議員と住所を同じくする個人又は法人もしくはそれらと実質的に同視しうる個人又は法人に対する支出。

⑦支出内容が具体的でなく、政務調査活動の実態と結び付けることができないもの。

⑧年度末に駆け込み的に支出が行われていて、当該年度の政務調査に資することが無かったと推定される支出。

⑨趣味、その他の支出で一般的市民感覚から政務活動費を充当することへの理解が得られないような支出。

⑩政務調査活動に使用した経費の実費に基づく計上か。
⑪按分の根拠が説明されているか。
⑫政務調査活動報告書は適切な内容で作成されているか。
⑬人件費や事務所費に関する支出に違法性はないか。
⑭備品の購入等について、直接政務調査活動に必要な経費として妥当かどうか。

3　政務活動費の使途基準項目別運用指針

(1)　政務活動費の交付額により使途基準の項目を検討して設けるべき

政務活動費の使途基準は、政務活動費を充てることができる経費の範囲として、別表に設けている。

この使途基準の項目は、全国都道府県議会議長会のモデル条例（全国町村議会議議長化の案も同じ）を参考にして、政務活動費の交付額により使途基準の項目を設けている議会が多い。

特に、小規模の議会がモデル条例の使途基準を設けているのは、実態にそぐわない。政務活動費の交付額が年間12万円未満の議会は、モデル条例の使途基準項目を使用しないのが実態である。わたしは、使途基準の項目は政務活動費の交付額により使途基準の項目を決めるのがよいと考えるものである。

その区分として、①都道府県議会、政令都市議会、区議会、中核都市議会、人口10万以上の市議会および政務活動費の交付額が年額50万円以上の議会は、モデル条例の使途基準項目、②人口10万人未満の議会は、調査研究、研修、資料購入費に限定して、政務活動費の有効活用を図るのが最善の手法である。

(2)　使途基準別政務活動費として使用できない経費

1) 使途基準項目の共通原則・指針

▶共通原則

①市政に関する調査研究目的であること（市政に関連性があっこと）
②政務調査の必要性があること（支出が合理性・必要性があること）
③政務調査に要した金額や態様等の妥当性があること（支出額が社会通念上相当と認められるものであること）
④適正手続きがなされていること
⑤支出についての説明ができるような書類等が整備されていること

▶旅費

・実費原則
・日当は除く、政務調査での視察等は公務でないから。
・日帰りできる視察で宿泊は原則として認めない。
・定額制の旅費は違法（仙台地裁）、実費相当額とすべし。
・宿泊費の料金が発生しない実家等除外。
・食事代は、宿泊費が食事は含まれていない場合は、支払う。昼食代は個人負担とすべきである。

▶キャンセル料

・やむをえない事由でのキャンセル料以外は認めない。

認める事由

・公務による場合
・議員本人の疾病やけがによる場合
・配偶者並びに同居の家族の疾病やけがのため、世話をしなければない場合
・配偶者並びに3親等以内の血族及び姻族の葬儀に出席する場合
・悪天候の場合
・相手方の都合による場合
・その他社会通念上やむ得ないものと議長が認める場合

2) 使途基準項目

①研究研修費

・市政の調査研究に密接な関連のない研究会、研修会、勉強会等の参加費、研修会・研究会終了後の懇親会等の会費、又飲食代

一般教養講習会参加費　例　ＩＴ講習
政党・選挙・後援会活動を目的とする後援会、研修会・研究会への参加費（交通費、会費等）
・マニュフェスト研修（講習）、政党の議員研修会（勉強会）、
会派が雇用する職員の研修会・研究会への参加費（交通費、会費等）
会派が雇用する職員の参加費

4　問題ある支出について

(1)　大学院の入学金・授業料等の学費支出問題

政務調査費での大学の学費支出については、平成 18 年 7 月 17 日東京高等裁判所の判決が、その後の住民監査請求、住民訴訟に大きな影響を及ぼしている。

住民監査請求の結果を見た場合､その大部分が､｢議員の大学院への通学は、歴修する授業科目から、議員の調査研究活動の基盤の充実を図るという政務調査費制度の趣旨に合致する旨判示しており。」ということから、「議員の調査研究活動の基盤の充実を図る政務調査費制度の趣旨に合致しているから使途基準に反しない」と住民監査請求を棄却している。

千代田区議会、川口市議会、杉並区議会、世田谷区議会、千葉市議会、京都府議会などがある。千代田区議会の政務研究調査費交付額等審査会では、この政務調査費で大学の学費支出について、①上限を設けるべき 50 万円で２分の１、②会派での推薦（承認）を受けるべきだと議論された。

政務調査費で大学の学費支出については，政務調査費を使用しない自費で学費を支出している議員がいる。

それに政務調査費で大学院学費支出している議会の政務調査費交付額は、多くが年額 100 万円以上である。

例えば、練馬区議の場合は監査対象計上額 61 万 500 円（政務調査費は年

額252万円、月額21万円)、熊本県議の場合は監査対象計上額53万5800円(政務調査費は年額360万円、月額30万円)、千代田区議の場合は監査対象計上額55万2250円(政務調査費は年額180万円、月額15万円)、世田谷区議の場合は監査対象計上額175万583円(政務調査費は年額288万円月額24万円)、杉並区議の場合は監査対象計上額94万7,500円(政務調査費は年額197万500円、月額16万円)などである。

政務調査費での大学院の学費支出が東京高裁で認められたから、問題がないと使用する議員がいる一方、政務調査費は公金で、税金を支払っている納税者である一般市民から、特に大学院まで行って学ぶのは如何と疑問を持たれている。特に大金の支出まで、有権者は議員に求めていない。

ところで、自費で大学院に通学している福山市議は、「議員間では、個人の学歴や資質を高めるための支出であり政務調査とは言えないとの意見が多いようである」と述べている。また町田市議の三遊亭らん丈さんは、「自らの学びのため、そして社会のためにも資するところがある、という思いで大学院に通学し、学問を研究しているのです。当然ながら、その際の学費は、政務調査費でなく、私費にて賄っておりますので、ご理解を賜りますようお願い申しあげます。」とブログで述べている。

以上の状況をから、改めて、東京高等裁判所の判決を検討し、政務調査費を大学院の学費に支出することが、政務調査費の目的である調査研究、議会審議の活性化を図ることに反しているかを見極める。

1) 東京地方裁判所の判決

ア 「政務調査費の制度は、地方分権の推進を図るための関係法律の整備等に関する法律の施行により、地方公共団体の自己決定権や自己責任が拡大し、その議会を担う役割がますます重要なものとなってきていることにかんがみ、その議会の審議能力を強化し、議員の調査研究活動の基盤の充実を図るため、議会における会派または議員に対する調査研究の費用等の醸成を制度化したものと解されることから、この制度趣旨に合致する経費については、仮に本件使途基準及び本件実施細目に直接規定されていないとしても、本件条例５条の「区政に関する調査研究に資するために必要な経費」に該当し、本件使途基準及び本件実施細目の「上記以外の経費で調査研究活動に必要な経費」に該当するというべきである。」

イ「そこで検討すると、前記認定事実のとおり、明治大学公共政策大学院ガバナンス研究科は、現職の議員や公務員などを対象に、「高度化が進み、専門化と大量化する行政需要に対して、広範な知識と広い視野、それに鋭い洞察力と高い分析力・判断力を持つ職業人の養成」を目的として、平成16年４月に開講した独立研究科であり、学生は、①政策科学科目群、②国際政策科目群，③公共経営科目群、④法律技術科目群、⑤政策分野研究及び⑥特別・特殊研究の６つの科目群から構成される授業科目を履修することとなることからすると、明治大学公共政策大学院ガバナンス研究科へ通学することは、議員の調査研究活動の基盤の充実を図るという政務調査費の制度趣旨に合致するものであるということができる。」

2) 支出不可意見

宮沢の意見

・政務調査費は､特定の資質向上を求めているのでなく､議員として審議能力･政策能力の向上を自己研修で得ることである。

・制度である大学入学まで求めていない。それまでの経費を自治体で交付することを求めていない。

3) 自費で額負担

・大学入学は、個人としての資格に関するもので、政務調査費の調査研究に該当しない。

・政務調査費で研修は、個別課題・問題について２研修・講習会参加費用

4) 学費の返還

・京都府議会　収支報告書訂正して返還

・熊本県議の浜田県議は、「疑問を抱く人がいたので返還することにと」と収支報告書に計上したが自主的に返還した。

5) 研修機関の参加

・中央大学大学院　「公共政策リーダーショップ議員プログラム
・北海道大学公共政策大学院　地方議会向けサマースクール」

問題点

1) 明治大学公共政策大学院の場合は、114 万円と学費がかかる。これらの金額を政務調査費から支払いとする場合は、政務調査費は年額 100 万円を超えなければ使用できない。以上からみても、政務調査費の交付額の年間 100 万円以上の 79 議会しか利用できないことになる。

2) 大学別学費

①国際基督教大学大学院行政研究科　150 万 600 円

②慶応義塾大学大学院政策・メディァ研究科　152 万 1,600 円

③中央大学大学院綜合政策学科　94 万 600 円

④明治大学大公共政策大学ガバナンス科　161 万 2,500 円

(2)　調査委託

調査委託費は、政務活動費の使途基準の調査研究費の細目に「地方財政等に関する調査研究（視察を含む）及び調査委託に要する経費」（北海道議会）として、会派または議員が第 3 者に調査委託することを意味している。

これまで、会派または議員が調査委託したもので主なものは、

①宇都宮市議会の新風会派が平成 15 年度に「東西大通り直結の調査及び図面」をその他の経費で業務委託（約 100 万円）をしている。政務調査費で行うべきで性質でないので、政務調査費から除くべきである。市執行部にて行わせるべきものである。

②新潟市議会の中山仁議員は、「新潟市の地域経済の課題に関する研究」を新潟大学経済学部の佐野誠教授に 11 万円で研究委託をしている。そして、その成果を報告会にて公開している。特に中山議員は、「この研究成果は、わたし自身の今後の活動に活かすことはもちろん、新潟や日本の政治や

経済の議論を深める材料となると考え、ここに広く公開します。」述べている。しかし、私は、これらの研究は、議員が行うべきなく、市執行部にて行わせるべきものである。

③前述の２件と異なった政党支部に業務委託をしている。石川県議会（住民監査請求棄却 2013,4,5）、は、「自由民主党石川県かほく市第一支部に政務調査業務、事務所事務業務、ホームページ管理業務の３業務を業務委託し、毎月８万 4000 円支払っていた。これに対して監査、名称でなく、政務調査分として２分１を支払っているので請求の主張は認められない」。

これと類似したもので、④滋賀県議会の「真政会はその一部事務を党県連に委託したことは、調査研究などを党県連に委託した方が独自で行うより少ない費用でできるから違法でない」（住民訴訟判決棄却 2010,12,21）

札幌市議会、住民監査請求は、「委託に係る業務内容は市政に関連したものであるから」と棄却（2014,1,23）した。

しかし、地裁の判決（26,7,11）は、「自民党支部が行った委託業務のうち、政務調査活動と政党活動とを明確に区別することが困難である。そうすると政務調査費を充てることが許されるのは、２分の１にとどまると認めるのが相当である」と全額を認めない。

以上状況からみて調査委託については

①まず、委託費が多い場合には、会派内での必要性が決められたとき。

②政務活動費の４分１を超えない範囲で活用する。

③緊急性または政策実現上必要性がある場合は、議会として特別調査費を確保して行うべきである。

従って、調査委託費の使用規定は、大分県議会の「政務活動費について」（申し合わせ）が参考になる。

「調査委託費」

（ア）民間調査会社、学術研究機関等に調査を委託する場合

委託する業務内容、委託金額、委託期間、成果物等を明記した契約書を交わし、契約書の写し、領収書等の写し及び青果物を添付します。

（イ）会派から議員又は議員で構成された団体に調査を委託する場合

委託した業務を個別具体的に記載した書面により明確にすることが望ましいが、業務内容等によりそれが適当でない場合には、包括的に委託することも可能とします。その場合、少なくとも委託内容、委託相手、予算金額等を明記した年間計画等をたて､会派の総会等で事前の承認を受けることとします。

委託された議員もしくは団体は、出納簿等をつけ、その内容を明かすことのできる領収書等の写しを会派に提出し、会派は当該書類を収支報告書に添付します。

なお、中津市議会で行っているような調査委託は、会派内の議員が生計を一にする同居の親族、会派が雇用する補助員に調査委託を行うことはふさわしくない。

(3) 調査旅費

使用できないもの

・一般的な観光が含まれる視察費
・先進地の位置付けが明確性を欠く視察費
・視察中の食事代
・視察目的外の入館料
・個人の自動車維持管理経費（税金、保険、車検、償却費、オイル代、修理代、ガソリン代）
・自動車のリース代は運転記録など使用実態から按分する
・旅費には日当は除く（交通費は原則として実費とする。自動車を利用したときは、1キロ当り35円、選挙区内は除く）
・視察先の宿泊での宴会費用
※職員の旅費規程に準ずるというのがあるが、これには日当がふくまれているので（日当は除く）とするべきである。
・政務調査と政党活動等それ以外の活動が混在した視察は認めない。

・海外視察、職員の同行は認めない。

(4)　資料作成費

使用できないもの

・選挙活動に供する資料作成費
・政党活動の資料作成に要する経費
・後援会活動の資料作成に要する経費」
・議員活動報告の印刷費及び発送費（通信費）

議会報告書印刷製本、新聞折り込代は、議会報告書の印刷配布が公職選挙法で選挙期間中にできるものとして「議会報告会、市政報告会、議会活動報告の配布などの政治活動がある」ことから、議会報告書の印刷配布などは、政治活動とみなされることから政務活動費として支出することは法の趣旨に反する。

・議員の名刺代
　会派の発行する機関紙の印刷費（春日部市議会・西脇市議会）

(5)　資料購入費

使用できないもの

・一般商業新聞・政党関係紙は不可（栗山町議会）
・所属政党の機関紙・新聞購読料（宇都宮市議会・足利市議会、新潟市議会・稲城市議会）
　例えば　議員会派　日本共産党の場合　赤旗、前衛、自治体と議会など、公明党　聖教新聞、公明、第三文明
・同一図書、同一新聞等の購入、会派議員等が所属する政党の機関誌等の認めない（一関市議会）
・政務活動費とは関連性が薄い個人趣味の範囲の書籍

・一般的な図書（広辞苑、地図、辞典、年鑑）、電子辞典
　特に住宅地図は、会派各種１部以外だめ
・調査活動に直接必要としない物品等の購入（美術品、衣類等）
・日常生活で購読している新聞（日刊紙）、雑誌～会派で購読する雑誌、新聞等の購入費は、会派人員数分でなく会派各種１部以上は認めない。
　日常生活で購読している新聞（日刊紙）、雑誌は、政務活動費を使用するのは、よくない。（大館市議会の監査勧告）、また浜田市議会は除外している。長野市外部監査で「一般紙については、個人負担とすべき」 15年
　東大和市議会は、新聞購読料は除外
・自宅で新聞・雑誌等の購読は不可（大分県議会・稲城市議会）
・電子手帳
・政務活動費に関連しない週刊誌、漫画、図書、雑誌等の購入費（購入した場合は、該当する部分の提示）
・パソコン、コピー機など高額な事務機器は上限を定める。上限は政務活動費の使途基準項目数で交付額を割った額とする。
　書籍等は会派の議員数だけの購入は不可について
・広瀬和彦「議員としての具体的な調査研究活動と直接的な関連を有する図書、資料購入に限定する必要はなく、市議会議員としての政治活動全般に必要性で有益な知識を得るために必要な図書、資料購入に支出されれば足りる」（25,10,31 日本経営協会中部本部「政務活動費の適正支出チエックポイント」を学ぶ　高橋市議川上博司のＨＰ 25,11,1）
・政務調査費は、市民の税金であることから、具体的な調査研究活動と直接的な関連を有する図書に限定すべきである。市議会議員としての政治活動全般に必要性で有益な知識を得るために必要な図書は、認めるべきでない。
　多くの監査委員、また裁判官も各自治体の少ない予算の中で、議員が役割を果たしてもらうために、政務調査費を認めているものです。それを考慮せずに監査、審判をするものは配慮して頂きたい。

※政務活動費使用の議員の裁量権

資料購入費の使用には、会派の極めて広範な裁量権については、全てを会派の裁量権を尊重するとした場合、極端な例では、「第３次中東戦争全史」の図書でもよいことになります。そのため、被告の栃木県議会を含め、多くに議会の政務調査費の使途基準では、「資料購入費＝会派が行う調査研究活動のために必要な図書、資料等の購入に要する経費」としている。

「京都府議会政務調査費の運用マニュアル」では、京都府議会の政務調査費の使途基準の資料購入費は、「政務調査費との関連が明らかでない書籍の購入、新聞等の購入は対象外としている。これが正常はものである。

更に、全国都道府県議会議長会も「書籍については、調査研究に資するものかどうか、購入書籍の明細を確認できることを要件にしている。」

特に、使用内容は会派又は議員の自主性・自律性に委ねられているという裁量の範囲であるとすることは、政務調査費の法趣旨から問題である。

これら議員（または会派）の裁量権について、岩手県議会の平成17年度に支給された政務調査費返還請求訴訟の仙台控訴審判決（23,9,30）は、「政務調査費の財源が県民の経済的負担に依拠していることからいっても、その裁量には自ずから一定の限界があるというべきであり、当該支出に係る個別の事実から調査研究活動と県政との関連性を慎重に検討した結果、当支出に係る議員の判断に合理性があるということができない場合には、同支出につき調査研究のための必要性を認めることができず、本件使途基準に合致しないものとして違法になるものと解するのが相当である。

そして、議員の判断に合理性があるといえるかどうかについては、上記のとおり当該支出に係る個別の事実に基づき上記関連性について慎重に検討すべきであり、

例えば、収支報告書の記載に表れた事実等（研修会・物品の名称、書籍の表題等や研修会の趣旨・目的、講演者、講演の演題等）から調査研究のために用いられる可能性がないことがうかがわれる場合、あるいは、その可能

性があるといい得ても、当該支出が調査研究のための必要性に欠けるものであったことはうかがわせる具体的事実が認められる場合にあっては、議員の調査研究に資する意見交換等が現になされたり、県政に関する具体的な調査研究が現にされたとか､それが予定されていたなどの特段の事情にない限り、調査研究のための必要性に欠けるもので、当該支出は本件使途基準に合致しない違法なものと判断するのが相当である。」と述べている。

この判例から、会派または議員の裁量には、具体的な調査研究のために用いられる可能性と必要性がなければならない。

更に､平成20年度仙台市議会の政務調査費判決（2014,11,27 平成22年（行ウ）第13号政務調査費返還履行等請求事件）では、「「いかなる調査研究活動を行うか」という「裁量にはおのずから一定の限界がある」「調査研究活動と市政との関連性を慎重に検討した結果、同支出に係る議員の判断に合理性」が必要で、「例えば，収支状況報告書の記載に表れた事実等（研修会・物品の名称、書籍の表題等や研修会の趣旨・目的等）から調査研究のために用いられる可能性がないとうかがわれる場合、あるいはその可能性があると言い得ても、当該支出が調査研究のための必要性に欠けるものであったことをうかがわせる具体的事実が認められる場合にあっては、議員の調査研究に資する意見交換等が現になされたり、市政に関する具体的な調査研究が現にされたとか、それが予定されていたなどの特段の事情について適切な立証が行われないときは、当該政務調査費の支出は本件使途基準に合致しない違法な支出であると判断するのが相当である。」と判断した。

更に、生駒市監査委員は､「資料購入費に充てることができる使途の基準について、本件使途基準では､「会派が行う調査研究活動のために必要な図書、資料等の購入に要する経費」と定めている。制度の趣旨を鑑みると、政務調査費を用いて会派が行う調査研究活動は、市政に無関係であってはならず、少なくとも、市政との関連性が必要であり、また、政務調査費条例第9条の規定により、交付を受けた会派は、交付された政務調査費の総額から必要な経費として支出した額を控除して残余があっときにはその残余金を返還しなければならないと定めているうえ、政務調査費の給源が公金であることに照らすと、必要な経費かどうか不明なものは、返還の対象となると解するのが相当である（平成21年２月26日名古屋高等裁判所判決平成20年（行コ）第32号)。〜中間省略〜議員が様々な視点から知識を広めかつ知見を深めることは、市政に寄与し有益であるが、公費をもって当該書籍を購入することが相当であること認められる程度に市政との関連性が明確とはいえない。

確かに、議員の調査研究活動は多岐にわたり、個々の経費の支出がこれに必要かどうかにつては議員の合理的判断に委ねられる部分がある（平成22年３月23日最高裁判所第３小法廷判決平成21年（行コ）第214号）が、そのような事情を考慮しても、当該書籍を購入に要した経費が、市政につての調査研究活動に必要な経費かどうか具体的に明らかでない以上、本件使途基準に該当する経費と認めることはできない。」（生駒市監査委員告示第７号平成25年12月26日）とあるように、議員の自主性の尊重にもある程度の限定がされるものである。

尚、生駒市の書籍は、『第３次中東戦争全史』、『野中広務回顧録』、『同和と暴力団』、『パリ解放 1944-49』、『ピストルと荊冠』である。

以上の理由から、被告の意見は認めことはできません。

(6)　広報費

使用できないもの

・広報費は、議員活動、政治活動のおそれがあるので政務活動費の使用項目から削除すべきである。全国市議会における政務活動費の使用項目のない議会は、66市議会がある。

「ふくおひろし」さんは、議会報告は政治活動で広報費をなくするように述べている（「政務調査費ここがおかしい」（都市問題19,4)。

・「議員が行う広報には、その内容から大別すれば、①住民の意見を聴取することを目的とするもの、②議会活動の成果等を報告するものの２種類が考えられるが、調査研究活動等観点からは、政務活動費を充当する広報は、住民の意見を議会活動に反映させることを目的としたものである必要がある」（青梅市議会）

※従って、広報した後に、住民に意見を聴く広聴会・アンケート等がされないのは、「議会活動報告」で政治活動である。

- 議員個人名で発行する広報紙発行に係る印刷製本費、発送費（新潟市議会）
- 議員個人名のホームページ作成料及び維持費（新潟市議会）
- 政党のホームページ作成費
- 政党の活動報告印刷費
- 親睦・懇親会費
- 議会活動報告書作成及び配送費
- 議会活動報告会等の費用

議会報告書印刷製本、新聞折り込代は、議会報告書の印刷配布が公職選挙法で選挙期間中にできるものとして「議会報告会、市政報告会、議会活動報告の配布などの政治活動がある」ことから、議会報告書の印刷配布などは、政治活動とみなされることから政務活動費として支出することは法の趣旨に反する。

※豊田市議会は、「これは、議員個人の活動をPRするために係わる経費は個人負担を原則とするべきである」「政党活動に関連する活動は、会派活動には当らないとの判断から、広報活動に政務活動費を使用しない」（議会課題検討特別委員会）

- 「会報」・「議会報告」の印刷費用は、政務調査活動経費には該当しないと考えます（香芝市議会）
- 会派のホームページ作成費、維持費

※都議会はこの項目がない。・徳島市・長崎市の外部監査で除外することを検討されるべき（18年度）としている。

※広報費は、政治活動の部分が多いことから、使途基準の項目から除外している議会が42％を占めている。（全国市議会調査）従って「広報費」は

政治活動になるので削除すべきである。

※平成20年２月の調査では、66市議会が広報費を除外している。(インターネットで調査宮沢昭夫)

※後援会報との関係で、その掲載比率で按分にて認める議会があるが、政治活動との関係から認めるべきでない。宇都宮市議会は按分を認めない。

特に問題のある

何故、政務調査費における広報費が法違反か（26,9,15）。

1) 政務調査費が設けられた経過

・地方議会の議員に対する政務調査活動費は、地方自治法第232の２の公益上必要がある場合「補助金」として議会の会派に対して支給されていた。この補助金は、領収書の提出もなく、残額の返還も求めない。それは実質、自治体から会派を通して議員に支給されていた「第２報酬」と言われていた。

・この「第２報酬」に対して住民らは、その使用内容に不適正なものがあると住民監査請求、また住民訴訟を提起された。

・これらに対応するため、平成11年に全国都道府県議会議長会が議員活動の補助金として法的に支給できるよう地方自治法の改正を中央政府に要望した。翌平成12年の国会は、地方自治法の一部改正を可決した。その内容は、「会派又は議員の調査研究に資するために必要な経費の一部」を条例で定めることで、政務調査費が会派又は議員に支給できるようになった。(注1)

2)「参考条例」の政務調査費の交付に関する条例制定は、議員の活動を補助する経費としている。

・改正された地方自治法は、同法第100条第12項において、「普通地方公共団体は、条例の定めるところにより、その議会の議員の調査研究に資するため必要な経費の一部として、その議会における会派又は議員に対し、政務調査費を交付することができる。」としている。

この政務調査費の交付に関する条例の制定内容は、各議会の自律権により条例を議決するべきであった。ところが、全国都道府県議会議長会及び全国市議会議長会は、政務調査費の交付に関する参考条例を「標準条例」、「標準規則」として、所属議会に提示した。

・多くの地方議会は、この政務調査費の交付に関する条例の参考条例（以下「参考条例」という。）を会議規則のように「標準条例」とみて、政務調査費の交付に関する参考条例を模倣した条例を制定した。(注2)

・政務調査費の交付に関する参考条例の内容は、

①政務調査費を議員活動のための補助金という認識で作成されている。この条例には、公金の使用という意識がなく、政務調査費収支報告書に領収書添付がない。更に領収書等は会派の保管で、住民には公開しないというものである。

②政務調査費の使途については、条例に規定しないで別に定めることにしている。

③この別に定めるものが、「使途基準」である。

3)「参考条例」における使途基準は、議員活動の補助金として設定している。

・政務調査費が議員活動の補助金として、認識している都道府県議会議長会及び全国市議会議長会は、政務調査費の使用内容（使途基準）について、法令の「会派又は議員の調査研究に資するために必要な経費の一部」を議員活動のすべてに使用できるように、使途基準を設けた。

　これを証明するものとして、全国都道府県議会議長会の元議事調査部長をされていた野村稔さんは、代表している「地方議会研究会」の編著「議員・職員のための　議会運営の実際　17」(自治日報社　平成14年3月20日)(注3)にて、

政務調査費の目的と活用の中で、

「(1) 政務調査費は報酬、費用弁償、期末手当に次ぐ第4の経費であること。

(2) 政務調査費は、会派、議員の活動を補助する経費であること。」、また「政務調査費の基本は、議員活動の補助なのです」と述べている。そして「政務調査費はできる限り日常活動に使用することが望ましい」としている。

このように、法令では、会派又は議員の調査研究に資するために必要な経費の一部としているのに、政務調査費の交付に関する参考条例の「使途基準」は、法令の調査研究に資するという規定に反した、議員が自由に使用できる「議員活動のための補助金として、「使途基準」を示しています。

4)「参考条例」の使途基準である項目の「広報費」について

・「参考条例」での政務調査費は、議員活動の経費としていることから、その使途基準の項目は、議員の調査研究でない議員活動に要する全て経費の項目を設けている。

その典型として、「参考条例」の政務調査費における使途基準の項目としての「広報費」の内容は、「会派の調査研究活動、議会活動及び市の政策について住民に報告し、ＰＲするために要する経費」としています。

広報費については、①徳島県包括外部監査人「平成18年度包括外監査結果報告書」によると、

本来政務調査費における広報費は、「会派にかかわる政務調査費の使途基準では、広報費は「会派が行う議会活動及び県政に関する政策等の広報活動に要する経費」とされており、広報活動の目的や内容等についてそれ以上の限定はない。

しかし、政務調査費は、「議員の調査研究に資するために必要な経費の一部」を交付するものであって、<u>会派活動全般を助成するものではない</u>。

この点、全国都道府県議長会が平成13年10月16日に作成した「政務調査費の使途の基本的な考え方について」では、「議員が行う広報には、その内容に照らして大別すれば、①住民の意見を聴取することが目的とするもの、②議会活動の経過等を報告するもの、の２種類が考えられるが、政務調査活動という観点からは、住民の意見を議会活動に反映されることが目的と

したものであるか否かを基本として判断すべきものと考える」との見解を示されている。

この点、宇都宮地裁平成15年10月15日判決（およびその控訴審である東京高裁平成16年4月14日判決）は、「県議会において、県民の意思を適正に反映させるとは必要不可欠であり、県民の意思を収集、把握することは議員の調査研究の一つとして重要であるところ、議会活動及び県政に関する政策等を県民に知らせることは、県政に対する県民の意思を的確に収集、把握するための前提として意義を有するものであり、調査研究のために有益な費用ということができる」と判示しており、広報活動全般に政務調査費を支出することを容認すかのごとき判示を行っている。

しかし、「政務調査費の使途の基本的な考え方について」でも述べられているとおり、「議員の活動は、議会活動、政党活動、選挙活動等と多彩であり、一つの活動が調査研究活動と他の活動の両面を有し、渾然一体となっていることが多く」、特に広報活動については、会派活動としての側面が強い。従って、県民の意思を収集、把握するための手段として広報活動を行うのであればともかく、それと無関係な一般的な広報活動まで政務調査費を支出することを認めるのは、県費によって会派活動を助成することに他ならず、調査研究に費用等を助成するという政務調査費の趣旨に反するといわざるを得ない。その意味では、前記宇都宮地裁判決の判示には賛成できない。

以上によれば、広報費として支出できる経費としては、会派が行う議会活動及び県政に関する政策等の広報活動のうち、県民の県政に関する意見および要望を吸収することを目的としたものに要した経費に限定されるべきあって、これは無関係な広報活動まで広報を支出することには疑問である。

従って、会派の活動を広報するための広報紙やホームページの作成に要した経費として広報費を支出することは、政務調査費の使途基準に違反するまでは直ちに言えないものの、政務調査費の趣旨に照らせは疑問がある。」と述べている。

・この見解は、まず、①「議会活動及び市の政策について住民に報告し、ＰＲ」

をすることは、議員の政治活動、又は議員活動を報告するもので、政務調査費の目的である「調査研究」ではありません。従って、多くの議員が発行している「議会報告」「議会だより」「議員活動報告」などは、実物の「議会報告」書を見ても判るように、一般質問を中心としたものが多く、調査研究のため記事がない。

また、地方議会の専門研究者（竹下譲）から見ても、政治活動をみなされている。

・ところで、「政務調査費の使途の基本的な考え方について」の①住民の意見を聴取することが目的とするものについては、「政務調査費は、議案の審査や政策提言等に要する調査研究が主な使途と解されており、住民との意見交換会など民意の把握、吸収のための活動に要する経費のすべてに充てられることとはされていない。」注３ことから、住民の意見を反映させるための広報費」は認められない。まして、議会活動及び市の政策について住民に報告し、ＰＲするために要する経費は、政務調査費の趣旨である調査研究に資するものない。

・この広報費に対する横浜地裁判決（平成22年6月9日平成19年）（行ウ）第45号）でも、①「ィ上記認定事実によれば、広報紙「さとし口論」の2006年３月号のうち、議会活動や市政に関する政策等を市民に周知させるため広報活動としての意義を有するものと認められるのは、紙面全体の４分の１程度である」としている。

・<u>広報費に対する宇都宮地裁判決の誤りについて</u>

（平成15年10月15日判決およびその控訴審である東京高裁平成16年4月14日判決）

・判決文の①「県議会において、県民の意思を適正に反映させることは必要不可欠であり、県民の意思を収集、把握することは議員の調査研究の一つとして重要であるところ」について。

・[反論]　まず、「県議会において、県民の意思を適正に反映させることは必要不可欠であり、県民の意思を収集、把握すること」は、政務調査費の使途基準の項目で「広聴費」という使途項目があるので、それにて使用されるべきである。「広聴費」の使途基準がないのを、広報費で「県議会において、県民の意思を適正に反映させるとは必要不可欠であり、県民の意思を収集､把握すること」を議員の調査研究のすることに拡大解釈であり、政務調査費の目的に反するものである。

・判決文の②「議会活動及び県政に関する政策等を県民に知らせること」について

・[**反論**] 「議会活動及び県政に関する政策等を県民に知らせること」は、議員（政治家）として、行われるもので、ここには、政務調査費の目的である「調査研究」がなく、政治活動で政務調査費に反するものである。

・判決文の③「県議会において、県民の意思を適正に反映させるとは必要不可欠であり、県民の意思を収集、把握することは議員の調査研究の一つとして重要であるところ、議会活動及び県政に関する政策等を県民に知らせることは、県政に対する県民の意思を的確に収集、把握するための前提として意義を有するものであり、調査研究のために有益な費用ということができる」について

・[**反論**] 「議会報告書」などで、議会活動、また市政の政策等を住民知らせることは、政治活動で、政務調査費の目的である調査研究に該当しません。

・判決文の③「この県政に対する県民の意思を的確に収集、把握するための前提として意義を有するものであり、調査研究のために有益な費用ということができる」ということについて、

・[**反論**] 県政に対する県民の意思を的確に収集、把握するための前提として意義を有するものである」から、どうして政務調査費の目的である「調査研究」のために有益な費用とすることできない。

5) 広報費は、政治活動、議員活動に使用されているから、政務調査費の

目的の「調査研究で」でない。

元武蔵村山市議会議員である「ふくおひろし」さんは、「広報費は多くの議会が認めているが、「議会報告」を発行するのは議員の義務である。現実に野党系の会派は政務調査費を充てた「議会報告」を定期的に発行しているが、政務調査費という用語を厳密に解釈すると、「議会報告」という政治活動にまで使途を認めるのは疑問がある。」(注5) と述べている、
また竹下譲さんも広報費は、「日常的な議員活動（政治活動）に政務調査費を使っているのが多い」(竹下譲　注2)。と述べている。

これらのことから、政務調査費の日本一の浜田市議会は、「広報費（広報活動）は、議員の政治活動であり、政務調査費の使途基準に入れているのは問題であると全国的にも疑問視されており、また県内でもはずしている市議会もあったことから本市議会においても使途基準から外すことといたしました。(注6)

・このような考えは、平成19年９月に政務調査費の交付に関する条例を制定した北海道福島町議会の条例も、使途基準細目の「支出することができないもの」として、「議会活動報告書等に関する経費（作成、印刷費、送料、人件費等）(広報費は、政治活動のおそれがあるので認めない)」(注24号証)

なお、北海道福島町議会は、北海道栗山町議会と並んで、議会改革の先進議会である。

更に、全国の区・市議会の政務調査費の使途基準から「広報費」がない議会が66議会ある。その理由は、注5号証にて陳述したとおりである。

6) 政務調査費の目的・性格から「広報費」は適正でない。

・政務調査費の目的は、「政務調査費は、議案の審査や政策提言等に要する調査研究が主な使途と解されており」(注4)
・また、「政務調査費は、「地方議会の審議能力を強化」するために、「調査研究等の助成」をするというのが法改正の趣旨であり、「調査研究等の助成」をするために、政務調査費を交付するとうものであった。言換えれば、地

方議会の議長会などが要請していた「効果的な議員活動」を遂行するための交付金でなく、「調査研究」のための交付金として、法律に明示されたのである。」(注2)

「要は、政務調査費は会派又は議員の調査研究に資するための経費に充てられるべきものであって、それ以外に使用できないというのがこの制度の趣旨であると考える」(注8)

さらに、元全国市議会議長会の調査部長は、加藤幸雄さんは、政務調査費の目的は、「議員は、政務調査費の本来の目的ある「調査研究」に使い、議員の重要な役割である条例の立案を行い、一般質問を充実し、地方分権のもとで要請される政策提案型議会にするように努めるべきである」(注9)

7) 選挙活動としての議会報告は、政治活動である。

議会報告書の配布は、の配布等は、公職選挙法で「選挙期間中にできるものとして、議会報告会、市政報告会、議会活動報告の配布などの政治活動がある」(注11号証)ことから、議会報告書等の印刷配布は、政治活動とみなされることから、政務調査費で政治活動の使用する「議会だより」の経費を支出することは、法の趣旨に反することであるから、適正な支出でない。

長崎市包括外部監査人深堀義彦さんは、「政務調査費は、「議員の調査研究に必要な経費の一部を交付する」ための補助金である。この趣旨から考えるに、使途基準中、「広報費」「事務所費」の性質が整合性をもちものではないと思われ、使途基準の見直しが必要と考える」と指摘したうえ、「通常、広報紙は議員個人の実績を支援者等にアピールしたり、市政の状況を報告したり、議員の情報を外にアウトプットすることがほどんとで、調査研究活動として、議員がインプットするツールではないため、政務調査になじみにくいと思われる。

また多分に選挙活動を主目的として作成されるものである。市政と関係ない国政レベルの政党作成のパンフレットや、支援組織の会報の送料や、更に印刷代も混入される可能性も否定できない。」(注10)と述べているように、広報費は、選挙、議員活動のために使用されている。

以上の理由から、大塚康男さん、次のように述べているように、「政務調査費における公益目的は何かというと、調査研究に資するため、議員の資質を上げるために政務調査費を使うことですから、選挙や後援会活動、議員活動に使うことができない。」(注11)

従って政務調査費の使途基準項目である「広報費」は、法令の政務調査費の目的である、「議員の調査研究」から逸脱していて、政務調査費として使用するには、目的外使用となる。

以上

注

1　政務調査費条例制度の創設　寺田友子「政務調査費制度に係る住民訴訟」(桃山法学22,3)

2「政務調査費は本質的に必要か」竹下譲「地方議会　その現実と改革の方向」(イマジン出版)　2010,5,　45P

3「政務調査費の目的と活用　地方議会研究会」の編著（代表野村稔「議員・職員のための　議会運営の実際　17」(株式会社　自治日報社　平成14年3月20日)

4「政務調査費と議員活動」大森彌（日経グローカル　2008,11,17)

5「政務調査費のここがおかしい」ふくお　ひろし　都市問題　2007,4

6 浜田市議会「使途基準」及び広報費を外した理由

7 福島町議会政務調査費の交付に関する規則及び別表「使途基準細目」

8「政務調査費理論と実務」④　広瀬和彦　地方財務　2009,3

9「政務調査費条のあり方問う」加藤幸雄　都市問題　2007,4

10「使途基準見直しの必要性」(平成１８年度包括外部監査結果報告書及び報告に添えて提出する意見書）長崎市包括外部監査人　深堀義彦

11「政務調査費とは、政務調査費の使途」大塚康男（「議会運営について」全国市議会旬報　第1759・70号　平成22年5月15日

(7)　広聴費

・広聴費は、住民からの市政に対する要望、意見等を吸収するために開催する会議等に要する経費としていることから、会議費としている議会もある。この会議のための茶菓子程度は認められるが、一人当たり500円を超える場合は、公職選挙法に抵触するおそれがある。
・ホームページは後援会、政党活動等の記述がある場合は、原則として認めない。

(8)　事務費

・個人の通信費は除く。
・切手への充当は原則として認めない。月額1万円未満の場合は、送付数・送付内容を記載した切手管理簿を整備する場合に限り認める。
・パソコン、コピー機は政務活動費に使用する頻度から超えた額（按分）
　※・パソコン、コピー機の使用頻度の判る書類を添付する
・任期満了の月の事務費の支出は認めない
※事務機器は、会派で1台（4年間）、5万円以上の購入には、政務活動費の支出に計上する場合は、税務申告の耐久年度にする。なお個人の場合は、購入額の不可。
・原則としてリース代は認めない。認める場合は実使用時間数に対する按分
　※豊田市議会は、パソコン、カメラの備品禁止
　※東大和市議会は、備品の購入費は除外
　※豊田市議会はガソリン代、電話代を除外している

切手大量購入問題

政務活動費で使用する切手は、広報紙を市民に送付するために使用するものが主に使用される。特に、大量に切手を購入することは、使用しない

で換金することができるので、不正使用で問題化することがある。平成 19 年３月に福岡県議会会派「みらい福岡」が政務調査費で購入した 885,000 円分郵便切手が、実際には販売されていなかったのではないか等疑惑が浮上した。なお、会派「みらい福岡」が平成 18 年度に購入した総合計は 10,060,000 円である。このことから、切手の大量購入は、政務調査費の不正使用と詐欺の発生する懸念がある。この判決（25,11,18 控訴審）は、切手代 1040 万円返還せよとされた。

特に、この切手の大量購入をクローズアップしたのは、前兵庫県議の野々村氏の事件である。この事件後、札幌市議の 125 万円、茨城県議会「80 円切手を１日のうちに 22 か所の郵便強で合計 6000 枚 48 万円購入している。最近では、福島県議会でも１年間に 230 万円も切手を購入したことがある。

切手の大量購入問題で、住民監査請求がさいたま市議会（26,8,26）、市川市議会（26,8,28）倉敷市議会、桑名市議会に行われている。これらは、いずれも棄却されている。しかし、市川市監査委員の意見は、「①切手の購入制限の設定等，②審査する立場に当たる関係各課により一層の厳格な審査、③政務活動費の係る透明性の確保、④政務活動費の交付を受ける会派の責務等で、特に切手の購入制限の設定等では。「請求人が主張するように切手は換金率が高く、不正の温床となる可能性が否定できないことから、切手の取り扱いには細心に注意が必要である。」と述べている。

このことから、切手の大量購入の制限、切手の管理を明確にできる切手受払簿の常備、切手を使用しての会報を発送した場合の発送リストやアンケート調査を実施した場合の返信用はがき等の保管など、市民が疑念を抱くことのないように運用を要望する。

従って、切手の大量購入の問題については、当の兵庫県議会は、政務活動費の手引きにおいて、「①切手への充当は原則として認めない。ただし、郵送の都度、必要枚数を購入することを前提に、月額１万円未満の切手の購入についてのみ、送付数、送付内容を記載した切手受払簿を整備する場合に限って充当できる（なお、はがきやレターパック等についても同様の取り扱いとする。）②県政報告等の郵送に際しては、別納郵便、宅配便、メール便等の業者発注によること。③切手受払簿は、議長への提出書類とする。」とした。

水戸市議会では、平成24年度6会派で切手代約800万円使用した問題で、外部に有識者でつく審査会を設け、その審査会の答申（26,11,15）に「切手は原則禁止」としている。

以上のことから、切手の大量購入については、問題が多い、また不正が生じやすいので、せめて、取扱管理は、兵庫県議会の「政務活動費の手引き」以上にするべきである。

(9)　要請・陳情活動費

都道府県議会議長の例

会派が行う要請陳情活動、住民相談会等に要する経費

※広島県議会は、「調査研究等活動費」（調査委託に要する経費並びに会派が行う要請陳情活動、住民相談等の活動に要する経費）としている。

ここでの住民相談は、個別に相談を受けること、会議費に住民相談は、住民相談会

［問題点］住民相談会等に要する経費が、要請陳情活動費、会議費にも重複して入れている。

全国市議会議長会の例

会派が要請、陳情活動を行うために必要な経費

この使途基準項目ができたのは、政務調査費が政務活動費に法改正された国会審議になかで事例として出された一つものである。法改正の主眼は、議員が政務活動費を自由に使用できるようにするために行われたものである。

政務活動費になって、使途基準項目として要請・陳情等活動費が認めら

れたが、この項目を設けた議会は、政務活動費の条例制定状況のところでも述べているように全てない。この項目は問題がある等から入れない議会がある。

ところで、要請・陳情等活動費を使途基準にした議会で，実際の使用状況を平成25年度政務活動費収支報告書ＨＰで公開している議会をみると、別表のように、政務活動費の交付額が少ない議会は使用していない。

従って、議員の調査研究その他の活動に資するものとして、政務活動費の使途基準項目として入れるべきない。特に政務調査費が政務活動費に法改正の個所で述べているように、要請・陳情等活動費は政治活動であり、また議員として当然の行う活動であることから、政務活動費の使途基準項目から除外させるべきものである。

(10)　事務所費

使用できないもの

・貸事務所家賃、事務所経費（電気、ガス、水道代）
・事務所の用地購入費、建物の購入費、建設工事費（兵庫県）
・環境整備まで政務活動費を支出することは適当でない〔徳島県包括外部監査〕
・テレビ・ビデオ、家具類（ロッカー等を含む）（八千代市議会）
・事務所として使用する不動産の購入、建設工事、修理費
・事務所維持費（ガス、水道、電気代等）なお、後援会や政党事務所を兼用している場合は使用実態から按分
・事務所の備品としての絵画、安楽椅子、ステレオ、衣服等
・自動車、バイク等の購入費（リース、レンタルを含む）及び維持管理に要する経費（車検代（自賠責、税を含む)、保険料、修理代
・月極駐車料代　なお後援会や政党事務所を兼用している場合は使用実態から按分

・事務所の設置及び管理に要する事務所の賃借料は、親族の所有、自宅兼用、議員が役員になっている会社の場合は認めない。
・事務所が後援会や政党事務所を兼用している場合は使用実態から按分

(11)　会議費

都道府県議会議長と全国市議会議長会との規定内容が異なっている。

都道府県議会議長の例

①会派又は議員が行う各種会議、住民相談会等に要する経費

②団体等が開催する意見交換会等各種会への会派又は議員として参加に要する経費

全国市議会議長会の例

会派における各種会議、団体等が開催する意見交換会等各種会への会派又は議員として参加に要する経費

としている。

［**問題点**］都道府県議会議長の例では、会議費に「住民相談会」を入れ、会議費経費の範囲の考え方で「団体等が開催する意見交換会等各種会議」「式典を含む」として、更に「公務として認められているものと同内容の県政に関係する各種、式典（学校の竣工式、道路の開通式、入学式、表彰式、各種の発発会等）への出席に要した経費は充当できる。

このように、議員活動及び政治活動である住民相談会等に要する経費まで使用を拡大したことが問題である。政務調査費のときは、会派での調査研究のための各種会を対象にしてきたものがなくなった。

平成25年度の政務活動費の使用状況をみると、政務活動費の交付額の多い議会が使用している。特に都道府県議会議長会の会議費については、会議費経費の範囲の考え方で示されているので式典等参加費も含まれているので問題であるので別途述べる。

ここでは、全国市議会議長会の会議費について述べる。

会議の飲食費全面禁止（札幌市議会・北上市議会・越谷市議会・鹿沼市議

会）※住民監査請求が多い。

・鹿沼市議会の会議費での食事代は、宇都宮地裁で返還判決（20,3,12）

・神戸市会、大阪府議での「政務調査活動に係わる会合に関係する飲食がある場合は、１人 5,000 円までを限度としている」には、誤りである。

※この会議費は、全国都道府県議会の参考条例にあるもので、問題のある項目である。

規定の仕方「会派における各種会議に要する経費」として、現実には、会議のための飲食費に使用している。各種団体の会合の参加費をこの会議で使用している。

しかし、これらは、政務活動費の調査研究のためでない。従って、使途基準の項目から除外するべきである。

それを渋谷区議会の「議員の調査研究に知るために必要な経費（政務活動費)」について（答申）19,2,9 では、次のように述べている。

使途基準で 「飲食を伴い会議の飲食費については、飲食を主目的とする会合を除き、社会通念上妥当性のある範囲において許容されるべき、また千代田区議会でも、5000 円以内で認めているが、これは政務活動費を各種団体の会合の参加費とすることは、議員活動で政務調査の調査研究でない。場合によっては、公職選挙法に抵触するおそれがある。

会議費の問題点

最近公開した都議会の政務活動費の使用では、新年会に 2680 回参加し 1962 万円支出、会議費で自分たちの弁当を政務活動費で 12 万 700 千円などある。新年会は、「各種団体・地域団体等が主催するもので、議員が政務活動に係る違憲交換や情報収集等を目的として参加する会合等に会等及びこれに類するもの」（使途基準の会費）として使用している。この場合上限はＩ万円で、政務活動とのその他の議員活動（政党活動、後援会活動等）とが混在しているときは 1/2 上限に按分するとなっている。

「会派又は議員が政務活動のめに行う各種団体等が主催する会合等への参加に

要する経費」例示「地域団体等が主催する会合の会費、年会費、交通費等」

(12) 人件費

使用できないもの

・常用雇用している経費

・会派又政党・後援会で要する職員の人件費

会派又政党で要する職員を政務活動費の補助要員と使用する場合は、雇用台帳の整備

※人件費は、政務調査のための臨時的な補助のための人件費であるから。

※補助要員を雇用する場合は、労働条件通知書の交付、雇用台帳の整備（氏名、住所、生年月日、業務内容、雇用期間，賃金）（大阪市）

※会派の事務職員が政務調査のために補助作業した場合は、按分は認めず。その職員が政務調査のために補助作業した労働時間に対する賃金を人件費とする。

・調査研究活動を補助する者の雇用に要する経費（秦野市）

・親族雇用は認めない

※議会会派への補助金（人件費）の廃止

政務調査費の時、会派運営に関する人件費、事務所費などに政務調査費と別に会派運営費として補助金が支給されていた。これに対して住民からの住民訴訟により、京都地裁（25,3,28）及び大阪高裁控訴審判決（25,9,26）は、「平成12年改正によって、政務調査費制度が法制化された以降は、地方自治法が地方議会の会派に対し、地方自治法232条の2に基づき、補助金の支給をすることができと解する余地はなくなったというべきである。

そうすると、本件会派運営交付制度が地方自治法100条14項、232条の2に違反する制度であることが明らかであり、府が地方自治法232条の2、補助金等交付金等並びに平成13年要綱及び平成18年要綱に基づき、本件各議員団に対してした会派運営費（補助金）の交付は、地方自治法100条14項、232条の2に違反してされたものであるから、違法な公金の支出で

あるといえる」。

この判決を受けて京都府は、会派運営費（補助金）を廃止した。その分を政務調査費に上積みした。

しかし、仙台市議会などでは、自治体当局から「市議会各会派に対する職員雇用費交付規則」などがある。

会派運営費などを交付している自治体は、下記のとおりである。

仙台市、福岡市、川崎市、広島市、札幌市、熊本市

なお、会派配置職員を設けている自治体は 18（平成 21 年 4 月 1 日現在　札幌市住民監査請求結果 21,4,30）。

本来、会派運営費などを交付（補助金）は、違法であるので廃止すべきである。また政務活動費の人件費として会派運営費に使用することもなくするべきである。

第８章　政務活動費の有効活用と不正防止

(1)　政務活動費の目的の再確認

現在、地方議会の会派又は議員に支給されている政務活動費は、平成 12 年に地方自治法改正によって平成 13 年度から施行されたものを改正したものである。

政務活動費の法令の趣旨は、地方分権の進展に対応した「地方議会の活性化を図るためには、その審議能力を強化していくことが不可欠必要であり、地方議員の調査活動基盤の充実を図る観点から、議会における会派等に対する調査研究等の助成を制度化し、あわせて情報公開を促進する観点から、その使途の透明性を確保することが重要になっております。」と第 147 回国会衆議院地方行政委員会にて、法律案起草の説明をして、「地方公共団体は、条例により、地方議会の議員の調査研究に資する必要な経費の一部として、議会における会派または議員に対し、政務活動費を交付できるものとする」というものである。

従って、「政務活動費」は、地方自治法改正前の従来の「公益上必要」とされたものでなく、「地方議会の会派又は議員の調査研究に資する必要な経費」として交付されるものである。

法改正の主眼は、従来の地方議会は、地方分権推進委員会の勧告にあるように、議会及び議員としての権能である監視、政策立案を充分果たしていないので、地方分権に対応できるようにするために、議会の活性化を求めた。この勧告の中でも議会の公開と議員の資質向上のための研修が含まれている。

現実に、地方議会の機能低下を活性化するのは、議会の公開、議決権の拡大、議員提案権の緩和などが外形的に必要であるが、その担い手である議員が、それに対応できなければ議会の活性化はできない。

それを、政務活動費は議員活動のために交付されているのであるという全国都道府県議会議長会の認識で、報酬では休会中の議員活動ができないから報酬と別に議員の活動の補助金として扱っていることに問題がある。

その事例が、ある長野県議は、「私達の会派ではあくまでも「会派の政治活動」として調査費や文書費、交通費などに使用し、その使途を必ず領収書を添付し、透明化を図る努力をしている。「会派所属議員は組織活動費としての使用である。全国都道府県議会議長会の一定の見解に沿ったものである」というのは、政務活動費の法令趣旨を誤った解釈をしている。このことから政務活動費で「県会だより」を出している。これはまさしく政務活動費を議員としての政治活動に使用している。」のである。

特に、政務調査費を制度化したのは、衆議院本会議においての地方自治法の一部を改正する法律案の起草案旨趣説明、「地方議会の活性化を図るためには、その議会の審議能力を強化していくことは不可欠であり、地方議員の調査活動基盤の充実を図る観点から、議会における会派等対する調査研究等の助成を制度化し、併せて、情報公開を促進する観点から使途の透明性を確保することが重要となっております。」というものである。

従って、最高裁判決にある「議員の調査研究活動の基盤の充実を図るため」でなく、「地方議会の活性化を図るためには」「地方議員の調査活動基盤の充実を図る観点から、議会における会派等に対する調査研究等の助成を制度化」するものである。

これら政務活動費の目的を誤った認識を改めなければならない。

(2) 政策提案・議員の審議能力向上及び議員の資質向上

地方議会議員の資質は、住民から見ると、「議員にふさわしい資質、見識、能力があると思わない」が73.7％いるのがある。(1)「いま問われる地方議会」650

地方議会を活性化すには、まず議員自ら勉強、研修して資質を高めること、それと平行して議会運営の改善、法規制の緩和（議員提案権など）を求めることと地方自治経営学会昭和60年に「地方議会・議員の実態、問題点と改革の方向」で述べている。

このことから、政務活動費については、「議員の資質を一層陶冶すること、調査能力の向上を図り、自らの判断と責任において住民との信頼関係を確立」（畑山栄介「政務活動費」自治実務セミナー 2001.2）することである。

ところで、政策提案・議員の審議能力向上及び議員の資質向上を図るためには、制度的には、一般質問を一括質問一括答弁方式から一問一答方式にする。すべての会議を公開するなどの議会運営を改革する。

例えば、一般質問内容が調査の裏付けされた充実したものにするため、政務活動費で質問に関係ある事項を調査又は研究することができるのである。また常に地方自治に関係した情報を収集するため、『自治日報』、『地方自治データファイル』、『地方自治講座』などを政務活動費で購読しておくべきである。また住民のニーズを把握するために住民懇談会、アンケート調査などを行うなどしておけば、より内容のある一般質問ができる。

ところが、政務活動費の使用実態を見ると、従来型の行政視察を行っているのが多い。その視察目的が何のためなのか、視察報告書が簡単で、本当に市政のためになっているのかみられる。

そのためにも、視察をしたときは、何のための視察か、その成果はどう生かせるのか等の視察報告書を義務付け公表すること。矢板市議会は、議員が政務活動費で研修・視察した報告書を執行部に配布し参考に供している。こうすることで視察・研修が議員の自己啓発による資質向上と議案に対する審議能力が向上することになる。

従って、政務活動費の活用を図るための使用は、会派又は議員の自由であるので、政策提案・議員の審議能力向上及び議員資質向上のためにも、使途基準の研修研究費、調査旅費、資料購入費を重点に使用されるのがのぞましい。

更に、政務活動費の使用内容は、収支報告書、領収書、視察報告書、また実績報告書、調査報告書、資料購入一覧表、その他詳細な明細書等は、公表するべきである。政務活動費は、税金を使用しているのですから、納税者である住民への説明責任として当然の義務である。

それを元都道府県議会議長会議事部長の野村稔さんは、政務活動費の透明度を問題にするより、使用効果を問題にするべきとし、透明度を求めるのは本末転倒だという。しかし先ずは政務活動費の使用内容が透明になっていなければ、どうして政務活動費を使用して、どのように成果が上がったのか住民には判らない。

これからの地方議会は、議員同士の議論ができる議会でなければならない。これまでの議会は、質疑はするが議員同士の議論がない。議論をするには、その議題、また案件〔議案〕について、事前に調査研究しておかないと、その議論は本質の問題まで論及できない。そのためにも政務活動費は、議員が調査研究をして、議論に対応できる情報収集、知識の充実に努めるべきものである。また政策提言、政策策立案が可能である。

従って、政務活動費の主要な内容は、研修研究費、調査旅費、資料購入費に重点をおくべきである。

(3) 政務調査の結果の利用

政務活動費は、本来議員の審議能力向上を図るために議会の会派また議員が調査研究に資するための必要な経費の一部を条例に定めることによって交付を受けることができるものである。

その政務活動費を使用して会派また議員が、研究研修及び調査をした結果は、その使用した会派又は議員の活用はもちろん議会内の各会派・議員にも活用されるようにするべきである。

それと視察・研修情報を会派また議員だけでなく、執行部で関連する部署への資料の提供し、情報を共有すべきである。栃木県矢板市議会では、平成15年度の政務活動費活動報告書ならびに資料の活用ということで、（平成15年度政務活動費視察・研修一覧表）を送付しています。照会資料の請求が数箇所からある現状である。

(4)　政務活動費と議員研修条例の連動

政務活動費の目的は、会派又は議員の調査研究に資するための必要な経費の一部を条例を定めることにより、政務活動費の交付金を受けられるのであるから、その一部である研究研修費、調査旅費などに使用する金額を各自拠出して、議員の政策提案・議員の審議能力向上及び議員資質向上のため研修システムを構築するべきである。

現実に議会活性化と議員資質向上のために、議員研修を条例化している議会がある。

高知県大正町議会、福岡県苅田町議会、茨城県守谷市議会、神奈川県湯河原町議会、静岡県三日月町議会、埼玉県大井町議会が条例を制定している。

(5)　政務活動費の効率的運用

政務活動費の交付額と調査研究までに要する経費

平成26年7月に兵庫県議の「号泣記者会見」から、政務活動費の不正使用問題がクローズアップされた。当県議は、「政務活動費は、使い切らないといけないとの考えがあった」と県議会の聞き取りに対して答えているように、交付された年額600万円を切手代40万円、領収書なし300万円など使用したのである。また、どうして、調査研究のために事務所費が必要なのか、また人件費でも、社会保険の被保険者になる勤務が必要な調査研究の補助が必要か疑問である。

ある地方議員は、「調査」や研究に、「月に 30 万円、50 万円は要らない」と述べ、またある兵庫県議は、「私も、仕事をしているつもりですが、どうしてもお金があまります。返金することになります。」と述べているように、特に都道府県議会と政令都市議会は、月に30万円～50万円位で高額である。

なお。この交付額と使途基準項目の問題については、「条例の使用規定の不備」の個所で述べている。

政務活動費の効率的運用としては、政務活動費の交付額が年額 50 万円未満の場合は使途基準項目を制限することが最良である。

政務活動費の目的が調査研究活動に為の補助金であるから、使途基準項目を参考使途基準項目のようにすべてを設けないで、調査研究費、調査旅費、資料購入費に限定する。更に、調査研究動に直接関連するもの制限する。例えば調査研究費であれば、文書通信費、交通費では実費、日当を支給しないなど，また研修，勉強などの場合は、調査研究動に直接関連するものする。資料購入費の場合は、議員の自主性の尊重するということで議員の裁量権でなく、調査研究動に直接関連するものする。

そうでないと、『吉田松陰』(861 円)（東京地裁判決　青梅市議会 25,4,24)　以外は、議員活動に何らか関連しているから政務調査費使用は妥当ということになる。

それと、使途基準項目の一つの項目だけに、政務活動費を全額使用することは、政務活動費の効率的な運用なので、使途項目を平均的に使用するべきである。

(6)　不正使用の防止

平成 26 年 7 月 1 日　兵庫県議野々村竜太郎の号泣記者会見以後、次のような政務活動費の不正使用が報道された。

①秋田県議・中田　メロン貯蔵庫 53 万円　後日返還

②大坂府議・奥野　閉鎖ＨＰの管理費　後日訂正

③兵庫県議・野々村　日帰出張１年間に195回約300万円使用で説明なし
④佐賀県議会
⑤山梨県議会　「身内」の事務所費、週刊誌購入
⑥青森県議会　グランクラス乗車、県民感覚とギャップ
⑦愛知県議・半田　知人女性に視察委託し政務活動費支出　後日返還
⑧大阪市議・荒木　政治塾に政活費
⑨神戸市議　自宅兼事務所賃料支出
⑩青森県議会　海外視察での携帯電話代41万2289円
⑪堺市議会　　慰安婦像撤去止める訪米旅費
⑫武雄市議会　恋愛小説を政務活動費で購入　修正で返還せず、しかし市長は全額返還請求
⑬大分県議会　政治資金パーティー券項購入（修正）、外に横断幕購入
⑭埼玉県議会　地中海、コーランなど教養教育のためと購入

1) このような政務調査費の不正使用が発生する要因はなにか。

①議員の公金に対する意識の希薄

政務調査費が制度化される前には、地方自治法の補助金として会派に支給され、領収書の提出不要、残金があっても返還なしで、自由に使用していた。

その後導入された政務調査費制度では、議員活動に対する補助金としての性格を包含していたために、法令は、交付、支給対象、額、方法などを条例に定めることにした。

各議会は、「参考条例」を丸ごと使用して条例化した。その「参考条例」は、議員活動に自由に使用でき、拡大解釈ができるように曖昧な規定であった。

政務調査費で使用できる使途基準を法令に規定である「議員の調査研究に資するに必要な経費」を議員活動に自由に使用でように設けた。
これに対して、議員は議員の公金に対する意識の希薄さ、規定の曖昧さで、公金を私的に使用する者が出てきた。

②条例の使用規定の不備 (曖昧な規定、規定の甘さ)

政務調査費が制定されたのは、その根底に議員活動への補助金という内容を包含したものにするべく、支給対象、その内容については条例に定めることにした。その結果、できるだけ議員活動に使用できるように条例にするため、「制度の所管省の自治省の見解を求め、更に指示された見解を元に、「政務調査費の交付に関する条例（例）（都道府県議会議長会　政務調査費の交付に関する標準条例等検討委員会）決定されたものであるから、甘さと不備がある。

例えは、①透明性を確保せよとしながら、収支報告書に領収書、実績報告書等の添付規定がない。②政務調査費の使途基準項目に、法令の調査研究に直接関連するのでないような項目、例えば広報費、事務所費、人件費など、何らでも関連するものであればと使途基準項目を決めている。

不正使用に対して責任・罰則

①訂正して返還、②指摘された不正使用分を返還で澄ましている。これを懲罰の対象にする。また不正使用額の倍額返還、罰則をもうける。悪質な場合は、刑事告発をする規定を設ける。

東大阪市議会の不正使用に対して、市長は刑事告発をしている（27,4,30）。

政務活動費の使用結果のチエック体制の不備

・収支報告書に添付する領収書、実績報告書等のチェックを誰が行うのか決めていない。

・政務活動費の不正使用した場合の責任の在り方の不備

項目外支出があった場合、訂正、また返還しただけで良いのか、不明で、議長の権限が明記されていない。

・司法の判断が「政務調査費」を拡大解釈しているのが見られることから、例えば、資料購入費で図書を購入した場合、議会活動に参考したと理由付ければ、議員の裁量権で政務調査費と裁判にて認められることがある。また広報費で、議会報告書を発行し、配布しても有意義であるから認められる。その議会報告書に議員の宣伝があっても適法とされるような誤った司法の判決が、議員の政務活動費を拡大解釈して使用することが、政務活動費の不適切な使用を許している。

2) 政務活動費の不正使用防止対策

①政務活動費の使用規定の不備の是正（詳細は､条例の規定の個所に参照）

・条例の規定　収支報告書に添付する書類（領収書、成果物、実績報告書、会計簿、出納簿、計画書、報告書 (研修、調査) を明確に規定する。

・不正使用した場合、責任　市長・知事は、政務活動費の不正使用があったとき政務活動費の全額又は倍額返還を命ずる。また、刑事告発する。

・規定の不備

・使途基準はマニュアルに具体的に規定する。

会計簿、出納簿、計画書、報告書 (研修、調査)、

・政務活動費の使用結果のチェック体制の不備

・議長は、収支報告書を検査し、政務活動費に不正使用があったときは、その不正使用額又は公布した政務活動費の全額の返還を勧告する。議長が必要と認めたときは、検査、チェックする」という規定をなくする。

・透明性の確保

全てを公開する。それも愛知県議会、三重県議会、札幌市議会のようにＣＤにて公開。ＨＰにて公開する。

特別対策

①政務活動費の支給対象を法令のとおり「調査研究その他の活動」に直接関連するもの限定すべきである。

②更に、虚偽の報告、目的外使用に対しては、罰則を設ける。特に政務活動費は、公金で補助金であるから罰則を設けることは違法でない。

終章　議会活性試論

1　身近な議会にするために「議会傍聴規則」の改正を

(1)　議会が有権者に快適な環境で傍聴できないようになっている

地方議会の多くは、開かれた議会をめざして、議会改革を推進しています。その一環として議会基本条例を制定して、市民参加の議会をつくろうと努めている議会も増えています。

これまで「開かれた議会をめざす会」は、市民に見えない議会を、開かれた見える議会にすることをめざして、議会評価、議員評価、会議規則改正などに取り組んできました。

このたび、議会は、その議会活動が有権者に快適な環境で、傍聴できるようになっていないことに着目しました。

最近の例では、茨城県議会では、ブログに議会中の議員の居眠り写真が掲載（H20.6.15）されたことで、傍聴規則を改悪して傍聴人に身分証明書の提示を求めることとなりました。（H20.9.3）また、十和田市議会の「市議会に対する市民アンケート」の結果［中間報告］（H24.2.18）に、「議会は市民にオープンにすべき、議場の傍聴席はガラス越しなので、話しの内容が聞き取れない。（議員の）自分を守ろうという姿勢にいささかがっかりした。」という意見がありました。

また、常任委員会の傍聴、記録の公開で裁判が提起されています。大阪市議会委員会傍聴拒否事件（H17.2.16）—大阪地裁棄却（H19.2.16）、大阪高裁棄却（H19.10.31）。横浜市会委員会の傍聴不許可に係る損害賠償請求事件〔横浜地裁棄却（H20.2.6）、東京高裁棄却（H20.6.11）〕などがあります。特に常任委員会で、このような事態が起きるのは、本会議と同様に常任委員会も、原則公開とすべきなのに、「委員長許可」で非公開にしているからです。〔原則公開は 28.4％、229 議会。非公開 70.4％（H22 年全国市議会議長会調査）〕

議会基本条例においても、「会議の公開」を規定していながら、多くの委員会条例では、「委員長許可」で非公開のままの規定となっています。

「傍聴規則」をみると、大部分の地方議会は、依然として「標準議会傍聴規則」を使用しているのが現状です。地方自治法第 130 条第 3 項は傍聴規則を設けなければならないとあり、地方分権法制定以前は、行政通達等で標準議会傍聴規則をそれぞれの議会がそのまま「議会傍聴規則」として制定したからですが、今日の地方分権時代における標準議会傍聴規則は、あくまでも参考条例に過ぎません。

開かれた議会をめざす会は、身近な議会にするための一手段として、これまでの議会傍聴規則を根本的に見直して、新たな改正案を提案（別紙）します。多くの議会が、これを参考に既存の傍聴規則を改正して、有権者のために身近な議会にして頂くことを望みます。

※「開かれた議会をめざす会」でまとめたものである。

(2) 開かれた議会をめざす会「自治体議会傍聴規則（案）」解説

1） 既存の議会傍聴規則の検討

まず、検討した議会傍聴規則は、多くの議会が使用している「標準議会傍聴規則」（以降、「標準規則」と略す）である。そして、それを最も進化させたと目される北海道白老町議会傍聴規則、先進と言われる千代田区議会、三重県議会、北海道福島町議会の傍聴規則、さらに会員が居住する自治体の議会傍聴規則などを持ち寄り、比較検討をした。

この過程で、多くの議会が、議会傍聴規則と委員会傍聴規則を別々に持っていることが分かったが、当会は、委員会も「原則公開」の立場に立つことから、議会傍聴規則の中に〔議長（以下、委員会の場合は「委員長」と読み替える)〕とすることにより、委員会の傍聴規則も含むようにした。

特に、白老町議会傍聴規則の優れた特徴は、①傍聴に関する一切の手続きがなく（つまり「自由」)、傍聴は先着順。②入場制限的な事項は、「傍聴人の責務」にて規制。③写真、ビデオ撮影及び録音等は自由。④傍聴人に資料提供することの義務付け。などである。

また、北海道福島町議会の傍聴規則は、「福島町議会への参画を奨励する規則」と題しており、第２条で―「傍聴」（以下「参画」という）とは、前条の規定する（議会）基本条例の理念・原則に基づき、会議においてその議論等を一方的に聴くだけでなく、議長の許可を受けて討議に参加すること言う。―とし、第６条で「参画の手続き」を規定し、住所、氏名、年齢の記入の規定があるものの、傍聴人の発言を奨励する内容が盛り込まれている点は特筆に値する。

2）当会作成案の条文ごとの検討

（目的）

第１条　この規則は、地方自治法 (昭和 22 年法律第 67 号) 第 130 条第３項の規定に基づき、傍聴に関し必要な事項を定めるものとする。

●基準となる地方自治法の規定なので、標準規則に準じた。白老町議会傍聴規則の第１条にある「町民の議会傍聴の利便性を確保し、かつ議会の円滑な運営を維持する」という見習うべき趣旨は、当会作成案の第８条に盛り込んだ。

（傍聴の手続）

第２条　会議の傍聴に関する一切の手続きは、必要としないものとする。

2　傍聴は、先着順とする。

なお、傍聴人が多いときは、議長（以下、委員会の場合は「委員長」と読み替える）は可能な限り多くの者が傍聴できるように努めなければならない。

●白老町の第４条の条文に準じた。

●標準規則第２条（傍聴区分）は、「傍聴席は、一般席及び報道関係者に分ける。」とあるが、区分することで、市民が二次的な扱いを受けている現状もあり、規定すべきものではない。ちなみに、地方裁判所の法廷の傍聴席には、特に報道関係者の席はない。

●標準規則の第３条（傍聴券等の交付）、第４条（傍聴券）、第５条（傍聴証（章））、第６条（傍聴券への記入）、第７条（傍聴人の入場）、第８条（傍聴券等の提示）、第９条（傍聴券等の返還）は、傍聴に関する手続きは、一切ないので、規定の必要なし。

◆傍聴人の住所、氏名、年齢記入の規定について

●標準規則（第６条）は、「傍聴券に住所、氏名及び年齢を記入しなければならない」と規定している。しかし、裁判所の公判傍聴には、それらを記入する必要はない。同様に議会傍聴についても、「住所、氏名、年齢の記入の規定」は不要とした。これらに関しては以下のような公の見解が出ている。

●「傍聴人の年齢や生年月日の記入を廃止することが望ましい。また、団体傍聴券についても、代表者または責任者の年齢の記入を求めているが、個人の傍聴手続きと同様に廃止することが望ましい。」（情報公開と市議会に関する調査研究報告書　平成12年２月　全国市議会議長会都市問題研究会）

●「傍聴の自由度を高めるため、委員会の原則公開を推進することが必要である。また、標準傍聴規則が規定している傍聴に当たっての住所、氏名、年齢等の記載を不要としている例も見られるので、傍聴規則において傍聴規律を阻害しない範囲内でこれらを廃止することを検討すべきである。」（改革・地方議会　都道府県議会制度研究会報告　平成18年3月29日　都道府県議会制度研究会）

◎住所・氏名の記入をなくした議会

白老町議会、三重県議会（傍聴券発行）、秋田市議会、京都市会、四日市市議会、相模原市（傍聴人カードの表示は必要）など。

◆傍聴人の定員

●標準規則には、第10条（傍聴人の定員）の規定があるが、定員を決めることで、特に委員会で、傍聴者が排除されることがある。本会議場の傍聴席は数が決まっており、また、委員会は部屋の大きさによるが、議会は、少しでも多くの人が傍聴できるように努めるべきであり、補助椅子などを用意することも可能であることから考えて、あえて「傍聴人の定員」は規定する必要はないとした。ちなみに、裁判所の法廷の傍聴席に、定員の規定はない。

●よって、当会の案では、「なお、傍聴人が多いときは、議長（以下、委員会の場合は「委員長」と読み替える）は可能な限り多くの者が傍聴できるように努めなければならない。」と規定した。（傍聴人が多いときは、議会によっては、別室で庁内テレビを傍聴できるようにしているところもある）

（傍聴人の責務）

第３条　傍聴人は、議事進行の妨害、及び他の傍聴人の迷惑になるような行為をしてはならない。

2　傍聴人は、事前の許可を必要とせずに写真・ビデオ等の撮影及び録音・録画をすることができるが、議事進行の妨げとならないようにすること、又、他の傍聴人に迷惑を及ぼさないこと。

◆「傍聴席に入場できない者」、「傍聴人の守るべき事項」について

●標準規則（12，13条）に規定されたさまざまな具体的な事項は、傍聴人を取り締まる規定であり、有権者である市民を見下げていると受け取れるので、「議事進行の妨げとならないようにすること、又、他の傍聴人に迷惑を及ぼさないこと。」という文言に、傍聴人の責務を集約した。

●「標準議会傍聴規則が制定・改定された頃は、世相が安保騒動で議場が混乱する恐れから、銃器、棒、ビラなどの携帯禁止物を明記した。」（「都道府県議会覚書（中）－標準会議規則・傍聴規則等～」野村稔）とのことだが、現在では、当時とは違う状況であり、時代錯誤的な具体的な事項を規定する必要性はない。

◆写真、映画等の撮影及び録音等の禁止について

●写真・ビデオ等の撮影及び録音・録画（近年、録画が主流であることから当会案に追加した）は、許可制をなくした。「議事進行の妨げとならないようにすること、又、他の傍聴人に迷惑を及ぼさないこと」が条件である。

●現実には、殆どの地方議会は、傍聴人が議員の議案審議状態を撮影・録音等することを禁止している。しかし、自由にしている進んだ議会もあり、その最たるところが白老町議会。そのほか、「撮影・・・等の自由」がある議会は、北海道足寄（あしょろ）町議会、秋田市議会などであり、「傍聴人の責務」で「人に迷惑を及ぼさないこと」と規定している。

●「許可制」している議会では、傍聴人は許可願いをした場合、大半が許可されている。

◆傍聴について要望している市民たち

●「新しい議会スタイルを考える市民会議・長岡京」 自由に傍聴できるように、写真撮影、録音機の使用について申し入れ。(H22.5.3)

●「藤枝市日本共産党議員団」 録音を自由に行えるように申し入れ。(H23.5.2)

●「議会ウオッチャー・仙台」「傍聴しやすい環境づくりのための申し入れ」(H20.4.16)（委員会を許可制から原則公開、資料の配布、住所・氏名記載の廃止、写真機、録音機、望遠鏡の使用可へ）

●そのほか、堺市美原区の「ネットワークみはら」、「袖ケ浦市民が望む政策研究会」（千葉県）などが、要望を出している。

(議案資料の提供等)

第４条　議長は、傍聴人に議案の審議に用いる資料を提供又は貸出しを行う。

●　議案資料の提供等の規定は、標準規則にはないが、最近では議会改革の一環として、傍聴規則が改正された議会では、この議案資料の提供等が規定されている。

（議長の指示）

第５条　傍聴人は、議長の指示に従わなければならない。なお、秘密会を開く議決があったときは、傍聴することはできない。

●標準規則では、第16条（係員の指示）「傍聴人は、すべて係員の指示に従わなければならない。」となっているが、傍聴人の管理は、係員ではなく、議長が行うべきものなので、議長の指示とした。

●標準規則第15条（傍聴人の退場）は「傍聴人は、秘密会の議決があったときは、すみやかに退場しなければならない。」としているが、「退場」という文言が傍聴人を下に見て排除する意味合いがあるので、「傍聴できない」とした。

（違反に対する措置）

第６条　傍聴人がこの規則に違反するときは、議長は、これを制止し、傍聴人はその命令に従わなければならない。

●この条文の必要性を認め、標準規則の規定に準じた。

（傍聴環境の整備）

第７条　議長は、快適に傍聴できるよう施設等を整備しなければならない。また、傍聴人が容易に発言できる環境を整える。

（傍聴の促進）

第８条　議長は、市民参画に繋がる議会傍聴を促進するために、傍聴を呼び掛ける努力をする。

●第７条（傍聴環境の整備）及び、第８条（傍聴の促進）は、市民参画を促すために必要な規定として、議会が対応すべきということで、当会案に加えた。これらは、その前提として、議会基本条例に規定化されるべきとの意見がある。

3）傍聴をしやすくする設備環境について

①議会の会議場について

・会議場所の案内表示、特に委員会室は必要

・傍聴人から見えやすい会議場であること

・本会議場では、議場と傍聴席の間にあるガラスなどの障害物を取り除く。

・傍聴席から議員の名前が分かるようする。議席の立札だけでは見えにくいので、別紙にて、議員席と議員名の図表を用意しておく。

・傍聴席には、「傍聴人の責務」を掲示

・障害者、子連れの方などが傍聴できる環境を整える。

・傍聴人の椅子が貧弱（特に、委員会室）なことがあるので、議員・職員と傍聴人の椅子に差がないようにする。

②傍聴体制

・傍聴を自由にできるように傍聴規則に改正する。

・委員会は原則公開に条例にて規定しておき、委員長許可制をなくすべき。

傍聴規則の抜本的改正。特に、制限規制をなくす。従って、傍聴人は傍聴手続きをする必要はない。例えば（住所・氏名の記入、傍聴券交付など）許可なしで自由に入出場できる。

③会議内容のわかる資料等配布・貸与

・議事の進行がわかるもの（日程表、議案書、予算・決算書など）

④傍聴を促進する環境

・議会の開催・審議テーマなどのＰＲ（発信）

・年間の議会の日程の提示（ＨＰ）（少なくとも１ヶ月前まで）

・審議テーマをＨＰまたは広報、公民館等に案内（少なくとも１週間前まで）

・議案書を図書館にて自由に閲覧できるように届ける（栃木県矢板市議会では実施）

・１日１委員会開催で多くの市民（議員も）が傍聴しやすいようする。

・委員会の出張（出前）委員会開催

・議会審議記録の速やかな（１ヶ月後までに）情報公開（本会議、委員会、その他 会議）

⑤委員会の公開について会員からの報告

・（朝霞市議会の場合）すべての会議が公開されていないので請願書を提出

(2008.5.26)、審議された結果採択され、原則公開になった。しかし、委員会の傍聴については、いまだ委員長許可になっている。

- (川口市議会の場合) 自治基本条例があるような自治体だが、委員会室には傍聴席は３つのみ、記者席が３つ。４人で傍聴に行ったところ、記者席が空いているにもかかわらず、一人が傍聴を断られた。

4) まとめ

現在の地方議会は、「開かれた議会をめざす」と言いながら、実態は、市民にとって、議 会傍聴し易い環境が整備されていない。傍聴を奨励するためには、地方議会の傍聴規則を全面的に改正する必要がある。特に、市民に不必要に制限を加えるような規定は撤去すべきであり、また、常任委員会は、委員長許可から原則公開にし、市民がいつでも気軽に傍聴できる議会にしなければならない。そうしなければ、本当の市民参画とはならないからである。

自治体議会傍聴規則（案）

平成　年　月　日
議会規則第　号

自治体議会傍聴規則 (昭和・平成　　年議会規則第　号)〔及び、委員会傍聴規則 (昭和・平成　　年議会規則第　号) がある場合は、それを含む〕の全部を改正する。

(目的)

第１条　この規則は、地方自治法 (昭和 22 年法律第 67 号) 第 130 条第 3 項の規定に基づき、傍聴に関し必要な事項を定めるものとする。

(傍聴の手続)

第２条　会議の傍聴に関する一切の手続きは、必要としないものとする。

2　傍聴は、先着順とする。

なお、傍聴人が多いときは、議長（以下、委員会の場合は「委員長」と読み替える）は可能な限り多くの者が傍聴できるように努めなければならない。

（傍聴人の責務）

第３条　傍聴人は、議事進行の妨害、及び他の傍聴人の迷惑になるような行為をしてはならない。

2　傍聴人は、事前の許可を必要とせずに写真・ビデオ等の撮影及び録音・録画をすることができるが、議事進行の妨げとならないようにすること、又、他の傍聴人に迷惑を及ぼさないこと。

（議案資料の提供等）

第４条　議長は、傍聴人に議案の審議に用いる資料を提供又は貸出しを行う。

（議長の指示）

第５条　傍聴人は、議長の指示に従わなければならない。なお、秘密会を開く議決があったときは、傍聴することはできない。

（違反に対する措置）

第６条　傍聴人がこの規則に違反するときは、議長は、これを制止し、傍聴人はその命令に従わなければならない。

（傍聴環境の整備）

第７条　議長は、快適に傍聴できるよう施設等を整備しなければならない。また、傍聴人が容易に発言できる環境を整える。

（傍聴の促進）

第８条　議長は、市民参画に繋がる議会傍聴を促進するために、傍聴を呼び掛ける努力をする。

附　則

この規則は、平成　　年　月　日から施行する。

附　則(平成　年　月　日議会規則第　号)

この規則は、公布の日から施行する。

＊現在では、傍聴人の発言を規定している議会があります。詳細は宮沢昭夫ブログで。

2　法を改正しないで「休日・夜間議会」の制度化ができる

今日の地方議会の状況は、議会の役割である監視機能を怠った夕張市議会のようにしないためなどから、議会改革が多くなってきた。その最大の動きは、北海道栗山町議会が議会基本条例を制定したことから始まった議会基本条例の制定で、現在 100 議会が制定、100 議会が制定のために検討をしている。しかし、まだ多くの地方議会は、現状に甘んじ、議会改革に動こうとしていない。

(1)　十分な審議が出来る議員定数を

平成の市町村合併により、議員定数が減少している。特に町村議会では議員の定数が、最少は沖縄県北大東村議会で 5 人（人口 515）、平均 13.6 人、市議会では、夕張市の 6 人、赤平市、歌志内市の 10 人、定数 14 人の議会が 6 議会、15 人の議会が 9 議会、16 人の議会が 30 議会となっている。

このように少ない議員数では、常任委員会数も少なく、委員会で十分な審議ができない。少なくとも 20 人前後の議員がいないと、住民意見を反映した議会にならない。定数が少なくなったことで、議員間の競争意識が希薄になり、議会の審議における発言回数が少なくなり、十分な議会の機能を果たしていないのである。

この少ない議会の議員構成は偏りがあって、自営業者、農業者などで占められ勤労者が少なく、女性の議員数が男性議員に比べて少ない。また、選出される議員は、現在の選挙制度のもとでは、選挙に強いが議員の資質に欠ける傾向が見られる。

このため議会の役割である監視機能は、夕張市議会に見られるように、果たされていないようにみえる。議会は、執行部の翼賛議会に成り下がっている。特に地方分権における議会の役割は、執行部の権限強大化に対応して充実強化しなければならないのに、それが発揮されていない状況である。
地方自治法改正により議員の調査研究に資するために必要な経費の一部を条例を定めることで政務調査費が支給されているが、多くの議員は議員活動の補助金という認識である。

(2) 第29次地方制度調査会の最終答申

地方議会のあり方を検討していた第29次地方制度調査会は、最終答申として、勤労者等の立候補や議員活動を容易にするための環境整備として以下の答申をした。
①現在の議会運営は、会期を一定期間に定め、平日昼間に集中して会議等を開催する例が一般的であるが、平日の朝から夕方にかけて仕事に従事している勤労者が議員として活動することを容易にするため、例えば、夜間、休日等に議会を開催するなどの運用上の工夫を図ること。
②議員の構成につては、女性の議員が男性の議員に比べて割合が低く、偏りがみられることから、議会の運営上の工夫を含め、女性の議員をさらに増やすための方策について、諸外国の取り組みなどを参考としつつ検討すべきである。

法改正をしなくとも、現行の会議規則等を改正し、議会運営を工夫すれば勤労者や女性が議員に立候補しやすくなり、開かれた議会、住民参画による住民自治としての地方議会が行われるようになるはずである。
そのためには、
①制度として休日・夜間議会が実施できるようにする。
これによって勤労者が議員に立候補しやすくなり、議員になって活動しやすくなる。
②市民の意思を反映できるように、議員定数を多くする。
③議員報酬は、仕事も持っていることから定額また日当制にする。その経

費は、現行議会費に範囲で決める。

④議員がボランテイア的ものであるから、議員としての役割を果たせるように、議員の基礎研修、能力アップを図るために議員研修条例を制定してシステム化する。

⑤休日・夜間議会を実施することにより、市民参加の議会を図り、傍聴者に発言を認める。

⑥休日・夜間議会が市民参加の議会運営と情報公開を徹底化する

(3)　議会運用上の工夫

ではどのように、議会運用上の工夫をするのか。

1)　会議規則の改正による（休日・夜間議会制度化を図る基本）

・会議時間の改正（矢板市議会提案）を次のように改正する

第９条第１項を次のように改める

会議時間は、午後６時から午後 10 時までとする。ただし　矢板市の休日を定める条例第１条第１項ダウ１号及び第２号に掲げる市の休日は、午前９時から午後の５時までとする。

第 10 条第１項中「平成元年矢板市条例第２号で規定する」を「第１条第１項第３号に掲げる」に改める。

附則

この規則は、平成 19 年４月１日から施行する

・さらに、議会をいつでも開催できるようにするために通年議会に実施要綱を定める（白老町議会）。

2)　休日・夜間議会による人件費対策

かって、休日・夜間議会の開催は、そのつどの職員の人件費がかさみ、また議会が市民にとって傍聴の意欲がわかないことから、休日・夜間議会を中止したことがあった。その課題を解消するために，①休日議会の開催の場合は、振替出勤扱いにする。②夜間議会の開催の場合は、時間外賃金支給対象

の職員を使用しない。（本吉町議会で実施）

3）　議会活性化工夫

①議会および議員関係

・当選した議員の資質は、多様であるので、議員としての基礎教育と議員の資質向上策として、議員研修条例を定めて、議員の資質向上を図る。［福島町議会ほか］

・議会運営として審議の改革を図る。具体的には、①全ての会議は原則公開・記録化（公開）をする（ホームページ、議会のだより）。②一般質問は一問一答方式として、執行部の反問権を認め活性化を図る。さらに、③議員同士の自由討議を常時行われるようにする。特に、議会の市民参加として、委員会においては、市民の発言の機会を設けて、傍聴者の発言許可をするようにする［福島町議会］

4）　議会白書の策定

この白書には、議会・議員の評価（福島町議会）、議員の発言回数一覧、議員の発言内容一覧表、議案に対する賛否一覧表などを掲載する。

5）　議員定数の増加と報酬の改定

議員の報酬は、議員定数が多くなったことから、①原則として日当制にするか。②現行議員報酬（年額）の 50 分の 1 として、約月 10 万円、期末手当はなし。

人口 10 万未満の地方議会は、厳しい財政の中で議員定数が 20 人以下にされてきている。この 20 人の議員の議会の構成は、選挙に強い自営業を中心とした者で、女性議員は少なく、その議員は、議会での発言回数が少なく、議員としての監視能力が発揮されていない場合が多い。

こうした議会をなくすため、広い階層から議員が出られる休日・夜間議会を実施できるように、法を改正しないでの制度化を提案する。

6）　土日・夜間議会開催をめぐる動き

・「地方議会を変える国民会議」が平成 27 年 3 月結成され、平成 27 年 3 月 25 日に「①地方議会はどこが問題化、②地方議会をどのように変えたらよいか」を議題、特に「土日・夜間開催の議会改革を中心にシンポジウムが行われた。この運動に賛同して「地方議会を変える千代田区会議」が「このままでいいのか地方議会」セミナーを実施。

◆土日・夜間議会について発言

・竹中平蔵「地方議会を夜間・休日に」日本経済研究センター 27,4,20
・古賀茂明「土日・夜間」の議会改革　週刊現代　27,5,9・16 日号
・岸博幸　国会以上に問題だらけ、地方議会のトンデモ実態「岸博幸の政策ウオッチ」週刊ダイヤモンド　27,3,6
・「土日・夜間　議会改革」パンフレット　地方議会を変える国民会議 27,3,25
・「地方議会　休日・夜間開催の制度化を」 私の視点　朝日新聞　18,11,28
・「基礎自治体議会は夜間土日開催の日当制を」

3　議会活性化、議員の資質向上のため議員研修条例制定を

(1)　なぜ議員研修条例が必要か

・地方議会における議案の審議は、十分な討議をされていない。その理由は、議員に与党であるという意識があること、議案に対する十分な事前調査がされていないことからの審議に耐える能力を積んでいないこと、それと議員はあまり勉強しないなどである。４年間一般質問もしない、委員会での発言も極端に少ない議員もいる状態がみられる、従って政策の議員提案が極端に少ない。

それに加えて、地域ぐるみで議員になった者や、選挙につよい組織等で当選したものなど、議員の資質の低い。

・これら議員のレベルを上げるためには、議員の個人的な努力の他に、従来のような、視察研修、政務調査費を使用する調査研究では、対応しきれないことから、体系だったカリキュラムによる研修が不可欠である。

つまり、議員力、議会力の強化には議員研修が必須である

・以上の事情から、議員研修の条例が制定され、議員のレベルを上げる必要がある。

・既に全国の地方議会のいくつかが、議員研修条例を制定して、議員研修を実施している。

これらの議会の議員研修状況を見て、これからの議員研修条例制定及び議員研修計画の参考にしたい。

(2) 議員研修条例を制定している議会

議員研修条例に関する条例に関する調査 (24,6,2)　　宮沢昭夫

1) 条例制定議会名

①苅田町（福岡県） 13, 3 ,29　議会基本条例 29,9,13

②湯河原町（神奈川県） 14,3,28　議会基本条例 18,12,12

③守谷市（茨城県） 14,3,29

④芦屋町（福岡県） 14,12,27

⑤白馬村 (長野県) 18,8,20

⑥軽井沢町（長野県） 18,12,21　　議会基本条例 23,3,25

⑦福島町 (北海道) 20,3,18　　議会基本条例 21,9,13

⑧北名古屋市（愛知県） 20,12,19　　議会基本条例 19,12,21

⑨香春町（福岡県） 21,12,9　　議会基本条例 24,3,16

2) 内規・要綱

①文京区議会（議員研修会運営内規） 17,11,30

②大東市（議員研修実施要綱） 22,12,10　議会基本条例 22,3,26

③横須賀市議会（議員研修実会実施要綱） 22,8,26　議会基本条 24,9,13

④芽室町（芽室町議会研修要綱）24，2，15　議会基本条例 25,3,26

※平成 25 年度芽室町議会研修計画（25,4,1，11P）

3) 過去に制定した議会

①大正町議会（高知県）12,8,10~18,3,20　四万十市に合併

②三ヵ日町議会（静岡県）　~17,6,30　浜松市に合併

③大井町議会（埼玉県）15,2,27~17,9,30　ふじみ野市に合併

4)　栃木県矢板市議会　議員提案否決

①矢板市議会（栃木県）63,12 議会に提案　事務局は受理したが、議長独断で賛成者一名に辞退させて提案を反故にした。

※詳細は「開かれた地方議会論～市民と議員の議会改革マニュアル」

宮沢昭夫著　花伝社 1996,12

②矢板市議会（栃木県）19,3 議会提案　否決

5)　研修の種類、対象者

別表　研修の種類、対象者一覧表

研修の種類		研修対象者	研修内容
一般研修	新議員研修	新議員	
	新任役職議員研修	新任役職議員	
専門研修	委員会所管研修	委員会各委員	
	実務研修	全議員	
	課題研修	全議員	
全議員研修		全議員	
視察研修		全議員	
その他の研修		希望する議員	

(3)　議員研修条例の利用実態

・年度計画及び実施状況

軽井沢町議会

湯河原町議会

守谷市議会

横須賀市議会

文京区議会

白馬村議会

・研修の種類に対応したカリキュラム

・議員研修条例の内容

事例　苅田町議会議員の研修に関する条例

(4) 議員研修会制定の促進策

・議会基本条例により研修強化規定化されているので研修条例制定

・体系だった研修実施計画の策定と実施報告

(5) 議員研修に関する文献

・「議員研修への取り組み」議会人のための議会運営 12 か月　田口一博
地方議会人（25,7）

法改正しないで現行の工夫

休日・夜間議会の制度化ができる

政務活動費に関する参考文献（H28,9,6）

まとめ　宮沢昭夫

1　政務活動費に関する文献

1 「現代行政研究室」報 24,9,5［政務調査費から政務活動費へ］　田口一博
2　政務活動費について　広瀬和彦　議員 NAVI　24,10-11
3　政務調査費日刊する規定の変更　(24 年地方自治法改正 ~ その背景と内容)
大森　彌　地方議会人　24、11、)
4　地方自治法の一部を改正する法律について　植田昌也（総務省）地方議会人 24、11)
5　政務活動費に変え使途拡大：地方自治法スピード修正　小山善一郎　法令解説資料総覧　24,11
6　政務活動費の条例について終えてください　吉田利宏　議員 NAVI　25,1
7　議会改革と政務活動費　勢旗了三　地方自治職員研修　25.1
8　政務活動費について　広瀬和彦　地方財務　25,2
9　政務活動費への条例改正に対する視点　加治武士　議会と自治体　25,2
10　政務活動費　金井利之　議員 NAVI　25,3
11　政務活動費の法的性質に関する一考察（一）　廣地毅　自治研究　25,4
～政務調査費から政務活動費へ
12　政務活動費の法的性質に関する一考察（二）　廣地毅　自治研究　25,5
13　政務活動費について　広瀬和彦　議員 NAVI　25,5-13
14　政務活動費の有効性・信頼性／田口一博　ガバナンス　25,5
15　政務活動費について　広瀬和彦　セミナーのレジメ
16　政務活動費でどう変わったか　日経グローカル　25,5,6
17　政務活動費化に伴う使途拡大と政治活動等との按分方式のあり方　若生幸也
25,3,7 Route7011（参考例「京都市議会の政務調査費の運用に関する基本指針」）
18 「政務活動費を考える」(全国市議会議長会「研究フオーラム」市議会旬報 1875(25,7,25)
19「政務活動費」(「議員とマネー」田口一博)　地方自治職員研修　25,10
20「政務活動費」「地方議会講座第 3 巻」（広瀬和彦）ぎょうせい　25,9
21　政務活動費の交付に関する条例の制定状況に関する調査結果について　寺田雅一　地方自治　25,9
22　政務活動費 (政務調査費) の使途については明確な基準が必要　楠井嘉行・杉浦雄太郎　判例地方自治　25,11
23　政務活動費を住民と考える　京丹後市議会　田口一博　地方議会人　26,8
24　政務活動費の使途拡大条例化についての調査報告　25,8,28 オンブズ栃木　宮沢昭夫　ブログ
25　全国市区議会調査から (2) 政務活動費、費用弁償、議員報酬半数以上が使途非公開額は微増、最多は大阪市の年 684 円　日経グロカール (26,8,4)
26　話題の政務活動費　政治と縁遠い支出も：領収書添付形だけ　東洋経済

（26,6,23)
27　53県議　政務活動費公開：年316万円不明朗な使途もあるようだ　財界にいがた (26,9)
28　問われる地方議員の質と品位：政務活動費の使途透明化も鍵　小山善一郎　法令解説資料総覧（26,10）
29「政務活動費は本当に必要か」高橋茂　Voters 22　特集「地方議会は今」26,10,20
30「政務活動費」に関する考察　高井章博　議会改革白書2014年度版（26,11）
31　政務活動費の使途について　高沖秀宣　26,12,18　堺市議会議員研修会記録
32「政務活動費のあり方が大きく前進」（「号泣議員と議会改革」〜政務活動費の闇を暴く　丸尾牧他　エピック　27,9,1
33　政務活動費使用の裏付証拠提出を県議会のあり方検討会に要望　宮沢昭夫ブログ　27,9,2
34「政務活動の政治資金化について」上脇博之　第22回全国市民オンブズマン兵庫大会資料（そんなんあかん一役所と議会）27,9,5
35　第22回全国市民オンブズマン兵庫大会資料（そんなんあかん一役所と議会）27,9,5
・2015年度政務活動費アンケート調査（結果）報告
・各地報告　①政務活動費の政治目的利用を調査する
②京都市議会平成２１年度政務調査費に関する住民訴訟について
③北海道議会の政務調査費訴訟に判決報告
④兵庫県議会政務活動費問題
⑤神戸市議会政務活動費告発状
・分科会報告①住民訴訟（初級講座）「できるだけ苦労しないで勝つため」
②政務活動費「こんなことはこんなにひどい」コンクール
③政務調査費・活動費住民訴訟アンケート
④住民監査請求出で返還勧告が出た事例
36「地方議会の政務活動費」勢旗了三　学陽書房　27,10,26　書籍
37「政務活動費違反判例集」国政情報センター　27,11,30　書籍
38「なぜ、地方議員が問題なのか」（「地方議員の逆襲」）佐々木信夫　現代新書　28,3,20
39「批判を浴びない政務活動費の運用」（「地方議会のズレの構想」）吉田利宏　三省堂　28,7
40「政務活動」（「地方議会・議員の手引き」）本橋謙冶・鵜沼信二　新日本法規出版 28,7

2　政務活動費の交付に関する条例案に対する意見募集について（結果）
1　福岡県議会　2　大分県議会　3　栃木県議会　4　千葉県議会

3　政務活動費検討委員会記録
1　京都府議会　2　東京都北区議会　3　郡山市議会　4　福島市議会

4　政務活動費についての議員のアンケート

1　所沢市議及び国会議員への自治法改定のアンケート（ところざわ倶楽部　傍聴席）

2　所沢市議及び国会議員への自治法改定のアンケート（ところざわ倶楽部　傍聴席）(24,11)

3　大分県内自治体議会政務調査費・政務活動費アンケート調査等結果報告書　おおいた市民オンブズマン (26,9,2)

5　政務活動費に対調査報告等

1　政務活動費でどう変わったか　日経グローカル　25,5,6

2　政務活動費条例に関する調査 (改正過程の透明制度調査)25,9,7 全国市民オンブズマン連絡会議

3　政務活動費の使途拡大条例化についての調査報告　25,8,28 オンブズ栃木　宮沢昭夫

ブログ

4　朝日新聞の政務活動費 47 都道府県議調査 (2013 年度)2015,3,13, 以降関連記事

5　統一地方選挙に伴う政務活動費に関連する記事

・地方議会は今「政務活動費」下野新聞（27,3,16）

・政務活動費　住民感覚とのずれ正せ　朝日新聞社説（27,3,17）

・ずさんな使い方、見抜けず　チック態勢不十分　朝日新聞栃木版（27,3,13）

・300 人の目　政務活動費に対する本社調査　朝日新聞 27,4,4

・ズサンな政務活動費の追及など地方議会の徹底的改革が統一地方選挙の大きな争点。有権者が追求しないと政治は変わらない　高橋亮平 (27,3,11)

・[議会は今] (1)　政務活動費 「公私混同」低い透明性　西日本新聞 (27,3,28)

6　政務活動費調査　都道府県・政令都市　神戸新聞　28,5,22

7　政務活動費全国調査（都道府県議会）朝日新聞　28,2,19

※政務調査費に関する書籍

1 「政務調査費　その使用実態と問題点」宮沢昭夫　公人の友社　17,6

2 「地方議会の政務調査費」勢旗了三　学陽書房　19,11

3 「政務調査費ハンドブック」広瀬和彦　ぎょうせい　21,6

4　政治とカネの判例集　政治資金・政務調査費に関する判例研究　関根勉　星雲社 24,5

5 「号泣議員と議会改革」～政務活動費の闇を暴く　丸尾牧他　エピック 27,9,1

6 「地方議会の政務活動費」勢旗了三　学陽書房　27,10,26

7 「政務活動費違反判例集」国政情報センター　27,11,30

※　地方議会における政務調査費の不適正支出問題　大田祐介 (20,11,28)

【著者略歴】

宮沢　昭夫（みやざわ・あきお）（旧姓金子）

1933年栃木県真岡市に生まれる
法政大学社会学部卒業、民間会社に勤務、
社会保険労務士、行政書士総務、労務
1979年矢板市議会議員に3票差で当選、以降5期20年間議員活動する。
この間、行政改革・議会改革のため、地方自治経営学会に参加、又「開かれた議会をめざす会」、「オンブズ栃木」の活動に参加する。
［著書］
『市民のための　開かれた地方議会論　市民と議員の議会改革マニュアル』花伝社
『政務調査費　その使用実態と問題点』公人の友社
［論文］
「議員から見た執行部」（地方自治職員研修）
「地方議会の常任委員会の公開について」（地方議会人）
「自由討議を」私の視点 2004,12,4（朝日新聞）
特に、政務活動費、議員・議会評価、議会改革、その他多数、講演など。

栃木県矢板市乙畑 1630-22
電話 0287-48-0057　ＦＡＸ 0287-48-4136
メール　oika22@krb.biglpbe.ne.jp
HP:http//miyazawaakio.Bee.cc

自治体〈危機〉叢書
「政務活動費」ここが問題だ
改善と有効活用を提案

2016年10月25日　初版発行

著　者　宮沢昭夫
発行人　武内英晴
発行所　公人の友社
〒112-0002　東京都文京区小石川 5-26-8
TEL 03-3811-5701　FAX 03-3811-5795
e-mail: info@koujinnotomo.com
http://koujinnotomo.com/
印刷所　倉敷印刷株式会社

ISBN978-4-87555-687-9

No.75
今、なぜ合併か
瀬戸亀男　800円

No.76
市町村合併をめぐる状況分析
小西砂千夫　800円

No.78
ポスト公共事業社会と自治体政策
五十嵐敬喜　800円

No.80
自治体人事政策の改革
森啓　800円

No.82
地域通貨と地域自治
西部忠　900円（品切れ）

No.83
北海道経済の戦略と戦術
宮脇淳　800円

No.84
地域おこしを考える視点
矢作弘　700円

No.87
北海道行政基本条例論
神原勝　1,100円

No.90
「協働」の思想と体制
森啓　800円＊

No.91
協働のまちづくり
三鷹市の様々な取組みから
秋元政三　700円＊

No.92
シビル・ミニマム再考
松下圭一　900円

No.93
市町村合併の財政論
高木健二　800円＊

No.95
市町村行政改革の方向性
佐藤克廣　800円

No.96
創造都市と日本社会の再生
佐々木雅幸　900円

No.97
地方政治の活性化と地域政策
山口二郎　800円

No.98
多治見市の総合計画に基づく政策実行
西寺雅也　800円

No.99
自治体の政策形成力
森啓　700円

No.100
自治体再構築の市民戦略
松下圭一　900円

No.101
維持可能な社会と自治体
宮本憲一　900円

No.102
道州制の論点と北海道
佐藤克廣　1,000円

No.103
自治基本条例の理論と方法
神原勝　1,100円

No.107
公共をめぐる攻防
樽見弘紀　600円

No.108
三位一体改革と自治体財政
岡本全勝・山本邦彦・北良治・逢坂誠二・川村喜芳　1,000円

No.109
連合自治の可能性を求めて
松岡市郎・堀則文・三本英司・佐藤克廣・砂川敏文・北良治他
1,000円

No.110
「市町村合併」の次は「道州制」か
森啓　900円

No.111
コミュニティビジネスと建設帰農
松本懿・佐藤吉彦・橋場利夫・山北博明・飯野政一・神原勝
1,000円

No.112
「小さな政府」論とはなにか
牧野富夫　700円

No.113
栗山町発・議会基本条例
橋場利勝・神原勝　1,200円

No.114
北海道の先進事例に学ぶ
宮谷内留雄・安斎保・見野全・佐藤克廣・神原勝
1,000円

No.115
地方分権改革の道筋
西尾勝　1,200円

No.116
転換期における日本社会の可能性
～維持可能な内発的発展
宮本憲一　1,100円

［北海道自治研ブックレット］

No.1
市民・自治体・政治
再論・人間型としての市民
松下圭一　1,200円

No.2
議会基本条例の展開
その後の栗山町議会を検証する
橋場利勝・中尾修・神原勝
1,200円

No.3
福島町の議会改革
議会基本条例＝開かれた議会づくりの集大成
溝部幸基・石堂一志・中尾修・神原勝
1,200円

No.4
議会改革はどこまですすんだか
改革8年の検証と展望
神原勝・中尾修・江藤俊昭・廣瀬克哉
1,200円

No.9
省エネルギーを話し合う実践プラン46
エネルギーを使う・創る・選ぶ
編著：中村洋・安達昇
編者著：独立行政法人科学技術振興機構 社会技術研究開発センター「地域に根ざした脱温暖化・環境共生社会」研究開発領域 1,500円

No.10
お買い物で社会を変えよう！
レクチャー&手引き
編著：永田潤子、監修：独立行政法人科学技術振興機構 社会技術研究開発センター「地域に根ざした脱温暖化・環境共生社会」研究開発領域 1,400円

No.11
地域が元気になる脱温暖化社会を！
「高炭素金縛り」を解く「共・進」の社会技術開発
編著：堀尾正靱・重藤さわ子
監修：独立行政法人科学技術振興機構 社会技術研究開発センター「地域に根ざした脱温暖化・環境共生社会」研究開発領域 800円

［京都府立大学
京都政策研究センターブックレット］

No.1
地域貢献としての「大学発シンクタンク」
京都政策研究センター（KPI）の挑戦
編著 青山公三・小沢修司・杉岡秀紀・藤沢実 1,000円

No.2
もうひとつの「自治体行革」
住民満足度向上へつなげる
編著 青山公三・小沢修司・杉岡秀紀・藤沢実 1,000円

No.3
地域力再生とプロボノ
行政におけるプロボノ活用の最前線
編著 杉岡秀紀
著 青山公三・鈴木康久・山本伶奈 1,000円

No.4
地域創生の最前線
地方創生から地域創生へ
監修・解説 増田寛也
編著 青山公三・小沢修司・杉岡秀紀・菱木智一 1,000円

［地方自治土曜講座
ブックレット］

No.46
これからの北海道農業とまちづくり
篠田久雄 800円

No.47
自治の中に自治を求めて
佐藤守 1,000円

No.48
介護保険は何をかえるのか
池田省三 1,100円

No.49
介護保険と広域連合
大西幸雄 1,000円

No.50
自治体職員の政策水準
森啓 1,100円

No.51
分権型社会と条例づくり
篠原一 1,000円

No.52
自治体における政策評価の課題
佐藤克廣 1,000円

No.53
小さな町の議員と自治体
室埼正之 900円

No.55
改正地方自治法とアカウンタビリティ
鈴木庸夫 1,200円

No.56
財政運営と公会計制度
宮脇淳 1,100円

No.59
環境自治体とISO
畠山武道 700円

No.60
転型期自治体の発想と手法
松下圭一 900円

No.61
分権の可能性
スコットランドと北海道
山口二郎 600円

No.62
機能重視型政策の分析過程と財務情報
宮脇淳 800円

No.63
自治体の広域連携
佐藤克廣 900円

No.64
分権時代における地域経営
見野全 700円

No.65
町村合併は住民自治の区域の変更である
森啓 800円

No.66
自治体学のすすめ
田村明 900円

No.67
市民・行政・議会のパートナシップを目指して
松山哲男 700円

No.69
新地方自治法と自治体の自立
井川博 900円

No.70
分権型社会の地方財政
神野直彦 1,000円

No.71
自然と共生した町づくり
宮崎県・綾町
森山喜代香 700円

No.72
情報共有と自治体改革
片山健也 1,000円

No.73
地域民主主義の活性化と自治体改革
山口二郎 900円

No.74
分権は市民への権限委譲
上原公子 1,000円

No.6
今なぜ権利擁護か
ネットワークの重要性
高野範城・新村繁文　1,000円

No.7
小規模自治体の可能性を探る
保母武彦・菅野典雄・佐藤力・竹内是俊・松野光伸　1,000円

No.8
小規模自治体の生きる道
連合自治の構築をめざして
神原勝　900円

No.9
文化資産としての美術館利用
地域の教育・文化的生活に資する方法研究と実践
辻みどり・田村奈保子・真歩仁しょうん　900円

No.10
フクシマで"日本国憲法〈前文〉"を読む
家族で語ろう憲法のこと
金井光生　1,000円

[法政大学人間環境学部・サステイナビリティ・ブックレット]

No.1
生業と地域社会の復興を考える
宮城県石巻市北上町の事例から
西城戸誠・平川全機　900円

[地域ガバナンスシステム・シリーズ]
(龍谷大学地域人材・公共政策開発システム・オープン・リサーチセンター(LORC)…企画・編集)

No.1
地域人材を育てる自治体研修改革
土山希美枝　900円

No.2
公共政策教育と認証評価システム
坂本勝　1,100円

No.3
暮らしに根ざした心地よいまち
1,100円

No.4
持続可能な都市自治体づくりのためのガイドブック
1,100円

No.5
英国における地域戦略パートナーシップ
編：白石克孝、監訳：的場信敬　900円

No.6
マーケットと地域をつなぐパートナーシップ
編：白石克孝、著：園田正彦　1,000円

No.7
政府・地方自治体と市民社会の戦略的連携
的場信敬　1,000円

No.8
多治見モデル
大矢野修　1,400円

No.9
市民と自治体の協働研修ハンドブック
土山希美枝　1,600円

No.10
行政学修士教育と人材育成
坂本勝　1,100円

No.11
アメリカ公共政策大学院の認証評価システムと評価基準
早田幸政　1,200円

No.12
イギリスの資格履修制度
資格を通しての公共人材育成
小山善彦　1,000円

No.14
炭を使った農業と地域社会の再生
市民が参加する地球温暖化対策
井上芳恵　1,400円

No.15
対話と議論で〈つなぎ・ひきだす〉ファシリテート能力育成ハンドブック
土山希美枝・村田和代・深尾昌峰　1,200円

No.17
東アジア中山間地域の内発的発展
日本・韓国・台湾の現場から
清水万由子・尹誠國・谷垣岳人・大矢野修　1,200円

No.18
カーボンマイナスソサエティ
クルベジでつながる、環境、農業、地域社会
編著：定松功　1,100円

[生存科学シリーズ]

No.2
再生可能エネルギーで地域がかがやく
秋澤淳・長坂研・小林久　1,100円

No.3
小水力発電を地域の力で
小林久・戸川裕昭・堀尾正靱　1,20円

No.4
地域の生存と社会的企業
柏雅之・白石克孝・重藤さわ子　1,200円

No.5
地域の生存と農業知財
澁澤栄・福井隆・正林真之　1,000円

No.6
風の人・土の人
千賀裕太郎・白石克孝・柏雅之・福井隆・飯島博・曽根原久司・関原剛　1,400円

No.7
地域からエネルギーを引き出せ!
PEGASUSハンドブック
監修：堀尾正靱・白石克孝、著：重藤さわ子・定松功・土山希美枝　1,400円

No.8
地域分散エネルギーと「地域主体」の形成
風・水・光エネルギー時代の主役を作る
編：小林久・堀尾正靱、著：独立行政法人科学技術振興機構 社会技術研究開発センター「地域に根ざした脱温暖化・環境共生社会」研究開発領域 地域分散電源等導入タスクフォース　1,400円

No.42
《改訂版》自治体破たん・「夕張ショック」の本質
橋本行史　1,200円＊

No.43
分権改革と政治改革
西尾勝　1,200円

No.44
自治体人材育成の着眼点
浦野秀一・井澤壽美子・野田邦弘・西村浩・三関浩司・杉谷戸知也・坂口正治・田中富雄　1,200円

No.45
シンポジウム障害と人権
橋本宏子・森田明・湯浅和恵・池原毅和・青木九馬・澤静子・佐々木久美子　1,400円

No.46
地方財政健全化法で財政破綻は阻止できるか
高寄昇三　1,200円

No.47
地方政府と政策法務
加藤良重　1,200円

No.48
政策財務と地方政府
加藤良重　1,400円

No.49
政令指定都市がめざすもの
高寄昇三　1,400円

No.50
良心的裁判員拒否と責任ある参加
市民社会の中の裁判員制度
大城　聡　1,000円

No.51
討議する議会
自治体議会学の構築をめざして
江藤俊昭　1,200円

No.52
【増補版】大阪都構想と橋下政治の検証
府県集権主義への批判
高寄昇三　1,200円

No.53
虚構・大阪都構想への反論
橋下ポピュリズムと都市主権の対決
高寄昇三　1,200円

No.54
大阪市存続・大阪都粉砕の戦略
地方政治とポピュリズム
高寄昇三　1,200円

No.55
「大阪都構想」を越えて
問われる日本の民主主義と地方自治
（社）大阪自治体問題研究所　1,200円

No.56
翼賛議会型政治・地方民主主義への脅威
地域政党と地方マニフェスト
高寄昇三　1,200円

No.57
なぜ自治体職員にきびしい法遵守が求められるのか
加藤良重　1,200円

No.58
東京都区制度の歴史と課題
都区制度問題の考え方
著：栗原利美、編：米倉克良　1,400円

No.59
七ヶ浜町（宮城県）で考える
「震災復興計画」と住民自治
編著：自治体学会東北YP　1,400円

No.60
市民が取り組んだ条例づくり
市長・職員・市議会とともにつくった所沢市自治基本条例
編著：所沢市自治基本条例を育てる会　1,400円

No.61
いま、なぜ大阪市の消滅なのか
「大都市地域特別区法」の成立と今後の課題
編著：大阪自治を考える会　800円

No.62
地方公務員給与は高いのか
非正規職員の正規化をめざして
著：高寄昇三・山本正憲　1,200円

No.63
大阪市廃止・特別区設置の制度設計案を批判する
いま、なぜ大阪市の消滅なのかPart2
編著：大阪自治を考える会　900円

No.64
自治体学とはどのような学か
森啓　1,200円

No.65
通年議会の〈導入〉と〈廃止〉
長崎県議会による全国初の取り組み
松島完　900円

No.66
平成忠臣蔵・泉岳寺景観の危機
吉田朱音・牟田賢明・五十嵐敬喜　800円

No.67
いま一度考えたい大阪市の廃止・分割
その是非を問う住民投票を前に
大阪の自治を考える研究会　926円

No.68
地域主体のまちづくりで「自治体職員」が重視すべきこと
事例に学び、活かしたい5つの成果要因
矢代隆嗣　800円

No.69
自治体職員が知っておくべきマイナンバー制度50項
高村弘史　1,200円

［福島大学ブックレット
21世紀の市民講座」］

No.1
外国人労働者と地域社会の未来
著：桑原靖夫・香川孝三、
編：坂本惠　900円

No.2
自治体政策研究ノート
今井照　900円

No.3
住民による「まちづくり」の作法
今西一男　1,000円

No.4
格差・貧困社会における市民の権利擁護
金子勝　900円

No.5
法学の考え方・学び方
イェーリングにおける「秤」と「剣」
富田哲　900円

自治体広報はプロションの時代からコミュニケーションの時代へ
マーケティングの視点が自治体の行政広報を変える
鈴木勇紀 3,500円

「大大阪」時代を築いた男
評伝・関一（第7代目大阪市長）
大山 勝男 2,600円

自治体議会の政策サイクル
議会改革を住民福祉の向上につなげるために
編著 江藤俊昭
著 石堂一志・中道俊之・横山淳・西科純 2,300円

地方創生と大学
大学の知と人材を活用した持続可能な地方の創生
内閣府経済社会総合研究所 2,000円

挽歌の宛先 祈りと震災
編著 河北新報社編集局 1,600円

新訂 自治体法務入門
編 田中孝男・木佐茂男 2,700円

政治倫理条例のすべて
クリーンな地方政治のために
斎藤 文男 2,200円

「政務活動費」ここが問題だ
改善と有効活用を提案
宮沢 昭夫 2,400円

［自治体危機叢書］

2000年分権改革と自治体危機
松下圭一 1,500円

自治体財政破綻の危機・管理
加藤良重 1,400円

自治体連携と受援力
もう国に依存できない
神谷 秀之・桜井 誠一 1,600円

政策転換への新シナリオ
小口進一 1,500円

住民監査請求制度の危機と課題
田中孝男 1,500円

政府財政支援と被災自治体財政
東日本・阪神大震災と地方財政
高寄昇三 1,600円

震災復旧・復興と「国の壁」
神谷秀之 2,000円

自治体財政のムダを洗い出す
財政再建の処方箋
高寄昇三 2,300円

［私たちの世界遺産］

No.1
持続可能な美しい地域づくり
五十嵐敬喜他 1,905円

No.2
地域価値の普遍性とは
五十嵐敬喜・西村幸夫 1,800円

No.3
世界遺産登録・最新事情
長崎・南アルプス
五十嵐敬喜・西村幸夫 1,800円

No.4
新しい世界遺産の登場
南アルプス［自然遺産］九州・山口［近代化遺産］
五十嵐敬喜・西村幸夫・岩槻邦男・松浦晃一郎 2,000円

［別冊］No.1
ユネスコ憲章と平泉・中尊寺供養願文
五十嵐敬喜・佐藤弘弥 1,200円

［別冊］No.2
平泉から鎌倉へ
鎌倉は世界遺産になれるか?!
五十嵐敬喜・佐藤弘弥 1,800円

［地方自治ジャーナルブックレット］

No.29
交付税の解体と再編成
高寄昇三 1,000円

No.30
町村議会の活性化
山梨学院大学行政研究センター 1,200円

No.31
地方分権と法定外税
外川伸一 800円

No.32
東京都銀行税判決と課税自主権
高寄昇三 1,200円

No.33
都市型社会と防衛論争
松下圭一 900円

No.34
中心市街地の活性化に向けて
山梨学院大学行政研究センター 1,200円

No.35
自治体企業会計導入の戦略
高寄昇三 1,100円

No.36
行政基本条例の理論と実際
神原勝・佐藤克廣・辻道雅宣 1,100円

No.37
市民文化と自治体文化戦略
松下圭一 800円

No.38
まちづくりの新たな潮流
山梨学院大学行政研究センター 1,200円

No.39
ディスカッション三重の改革
中村征之・大森弥 1,200円

No.40
政務調査費
宮沢昭夫 1,200円（品切れ）

No.41
市民自治の制度開発の課題
山梨学院大学行政研究センター 1,200円